山田登世子
Yamada Toyoko

書物のエスプリ

藤原書店

書物のエスプリ——目次

I　活字逍遥　19

1　書物の声

水のバロック／水の衣裳……22
シャネルの記憶／ブランドの記憶……28
誘惑者の肖像……34
パリ・イエスタディ……41
ヴィクトリアン・ブラック……48
声のアクアティーク……55
モードの名前……62
ヴェネツィアふたたび……68

2　古典再訪

ベンヤミンの断片――拾い読みこそ正道……76
鉄幹と晶子の歌――夫婦のミステリーを読む……78
うらぶれの系譜――背中ににじむ哀感に色気……80

硬派本の愉しみ——神は細部に宿る　82
アルセーヌ・ルパンの3冊　84
デフォー『ロビンソン・クルーソー』　86

II　書物に抱かれて　89

1　文学・思想

文学との緊密なかかわり浮彫り　92
ジャン＝マリ・トマソー『メロドラマ——フランスの大衆文化』
〃知の探偵〃さえる推理　93
高山 宏『テクスト世紀末』
「男たちに与ふ」の書　95
鹿島 茂『パリの王様たち』
火あぶり、水責め予想外に普遍的　101
アリス・K・ターナー『地獄の歴史』
ナンセンスの疾走　102
三浦俊彦『エクリチュール元年』

絵画通し創作の機微にふれる……105
吉川一義『プルースト美術館――『失われた時を求めて』の画家たち』
日本の有閑階級のベルエポック……107
朝吹登水子『私の東京物語　蘇る日々――わが家のアルバムから』
「森の女」との日々を回想……110
ミシェル・マンソー『友人デュラス』
二態性をカギに斬新な作家論……111
芳川泰久『闘う小説家バルザック』
九つの定義がいざなう「夢見の場所」巡礼……113
植島啓司『聖地の想像力――なぜ人は聖地をめざすのか』
背広を着て読むなかれ……117
山口昌男『内田魯庵山脈――「失われた日本人」発掘』
教養に裏打ちされた新鮮な問い……121
鹿島　茂『文学は別解で行こう』
「愚かさ」を忘れた現代日本……122
内田義彦『「日本」を考える』〈内田義彦セレクション　第4巻〉
典雅にして破廉恥な言葉たち……123
阿部日奈子『海曜日の女たち』

現代人の性の呪縛を泥臭く　ミシェル・ウエルベック『素粒子』　124
自分自身による「癒し」の物語　篠原 一『アイリーン』　126
過剰な対立が放つ魅力教える　ピーター・ブルックス『メロドラマ的想像力』　127
花と場所の妖気漂う物語　稲葉真弓『花響』　129
様々なテクストを響かせるパフォーマティブな声　今福龍太『ここではない場所――イマージュの回廊へ』　130
存在を贈り、贈られる関係論　鷲田清一『死なないでいる理由』　134
「通俗の女王」がうける秘密　林 真理子『初夜』　135
愛という欲望の恍惚と不安　カミーユ・ロランス『その腕のなかで』　136
歴史の暗部からアメリカを撃つ　西垣 通『1492年のマリア』　137

文革期、小説に恋した青年が見たものは
ダイ・シージエ『バルザックと小さな中国のお針子』……138
豊饒な世界を「深く」味わう
フィリップ・ミシェル＝チリエ『事典 プルースト博物館』……142
晴朗な力で「性」を描く
ミシェル・ウエルベック『プラットフォーム』……143
「隠す」ことと「見せる」こと
ダニエル・アラス『なにも見ていない――名画をめぐる六つの冒険』……145
「肉食のパリ」を生々しく描く
エミール・ゾラ『パリの胃袋』〈ゾラ・セレクション2〉……146
人を意識下へ運ぶ魂のまどろみの物語
稲葉真弓『風変りな魚たちへの挽歌』……147
妻という批評家から見た明治の中年小説家
中島京子『FUTON』……148
知の流行の数々を明瞭に示す
ジョナサン・カラー『1冊でわかる　文学理論』……150
未邦訳テクストで編まれた小「バルト読本」
ロラン・バルト『新たな生のほうへ　1978-1980』〈ロラン・バルト著作集　10〉……151

三島由紀夫に霊感を与えた詩人　その生涯の転回を描く
田之倉　稔『ダヌンツィオの楽園――戦場を夢見た詩人』……152
原詩の精緻な技巧性を映す端正な新訳
ピエール・ルイス『ビリティスの歌』……156
近代小説が描く肉体論じる
ピーター・ブルックス『肉体作品――近代の語りにおける欲望の対象』……157
オンナ博士の寂寥感
アニータ・ブルックナー『ある人生の門出』〈ブルックナー・コレクション〉……159
小説の謎をめぐる旅
鈴村和成『ヴェネツィアでプルーストを読む』……160
「情熱の歌人」の「哀しみ」を辿る
竹西寛子『陸は海より悲しきものを――歌の与謝野晶子』……161
人はみな偶像崇拝者
吉川一義〔編著〕『プルースト「スワンの恋」を読む』……162
女たちの孤独を見つめる作家の達成点
稲葉真弓『私がそこに還るまで』……164
昭和十年代の芸術界を映す
西川正也『コクトー、1936年の日本を歩く』……165

見ても読んでも愉しい図鑑…… 山岸哲［著］田中光常ほか［写真］『けさの鳥』 167
ルネサンスの「肉体」を暗転させて描く…… サラ・デュナント『地上のヴィーナス』 168
現実のちょっと上ゆく恋愛小説…… 林 真理子『秋の森の奇跡』 169
作家とミーハーの両面鮮やか…… 林 真理子『RURIKO』 171
「島の文学」を渡る旅人の語り…… 今福龍太『群島‐世界論』 173
情報と金融の魔界が生む神秘…… 西垣 通『コズミック・マインド』 175
愉悦の海にこぎ出す書…… 管 啓次郎『本は読めないものだから心配するな』 177
読み応えある恋愛文化史…… 小倉孝誠『愛の情景――出会いから別れまでを読み解く』 178
順路のない反＝美術館…… 港 千尋『パリを歩く』 180

鬼才の素顔を惜しみなく　澁澤龍子『澁澤龍彦との旅』 183
「食」を作品に取り入れた作家　アンカ・ミュルシュタイン『バルザックと19世紀パリの食卓』 184
人物を伝説化する語りの技法　ミシェル・ウエルベック『地図と領土』 186
父が愛した女優めぐる彷徨　エリック・フォトリノ『光の子供』 188
短歌も日記も「即興」に本質　ドナルド・キーン『石川啄木』 190

2 歴史・社会

饗宴から快の場への変貌　パスカル・ディビ『寝室の文化史』 194
性の「二重規範」の重み　バーン＆ボニー・ブーロー『売春の社会史――古代オリエントから現代まで』 195
時代を先取りした新聞マーケットの革命児　鹿島 茂『新聞王伝説――パリと世界を征服した男ジラルダン』 197

近代が生んだ「私的」身体……199
ジュリア・クセルゴン『自由・平等・清潔——入浴の社会史』
文学をも震撼させる茫々たるエクリチュール……201
フェルナン・ブローデル『地中海I　環境の役割』
男性中心の中世の社会像……204
ジャック・ロシオ『中世娼婦の社会史』
多様な視点で捉える博覧会像……205
吉見俊哉『博覧会の政治学——まなざしの近代』
「歴史の余白」の面白さ広がる……208
海野　弘『世紀末パノラマ館』
過去称賛に潜む現在の空虚感……209
ウィリアム・M・ジョンストン『記念祭／記念日カルト——今日のヨーロッパ、アメリカにみる』
近代スポーツを「暗」から見る……211
富山太佳夫『空から女が降ってくる——スポーツ文化の誕生』
模倣者生む欲望に満ちた時代……213
ポール・ラリヴァイユ『ルネサンスの高級娼婦』
ミスマッチ・パリ……214
鹿島　茂『パリ時間旅行』

感性の歴史家による本格的性愛論……アラン・コルバン『娼婦』 217
理性にも勝る熱狂的「言語」……アンヌ・ヴァンサン＝ビュフォー『涙の歴史』 220
水と衛生との縁、鮮やかに……ジョルジュ・ヴィガレロ『清潔《きれい》になる〈私〉――身体管理の文化誌』 222
博物誌と同時にユートピアの書……ジュール・ミシュレ『海』 224
旅する動機、眼の欲望に着目……ジョン・アーリ『観光のまなざし――現代社会におけるレジャーと旅行』 226
身体感覚変えた音響メディア……吉見俊哉『「声」の資本主義――電話・ラジオ・蓄音機の社会史』 228
入浴の文化的意味をさぐる……吉田集而『風呂とエクスタシー――入浴の文化人類学』 230
「見通し」のきく都市への改造……小倉孝誠『19世紀フランス 光と闇の空間――挿絵入新聞「イリュストラシオン」にたどる』 232
大衆的な観光、大いに肯定……白幡洋三郎『旅行ノススメ――昭和が生んだ庶民の「新文化」』 233

失われた感性に耳澄ます大著……アラン・コルバン『音の風景』 235
亡命芸術家たちの三〇年代再現……今橋映子『パリ・貧困と街路の詩学――1930年代外国人芸術家たち』 237
英国に見た〝ゆるみ〟の追求……戸矢理衣奈『下着の誕生――ヴィクトリア朝の社会史』 238
余暇が生んだ趣味　多彩に論じる……アラン・コルバンほか『レジャーの誕生』 240
大衆娯楽としての犯罪報道を検証……小倉孝誠『近代フランスの事件簿――犯罪・文学・社会』 242
刺激的に名づけの呪術性追う……佐々木健一『タイトルの魔力――作品・人名・商品のなまえ学』 244
文化史の流れたどり都市の〈神話化〉を追う……今橋映子『〈パリ写真〉の世紀』 246
パリの芸術家たちの生態記……ロール・ミュラ『ブランシュ先生の精神病院――埋もれていた19世紀の「狂気」の逸話』 247
消費社会を予見した産業皇帝……鹿島　茂『怪帝ナポレオンIII世』 249

全篇に鋭敏な五感が溢れ……………………251
小倉孝誠『身体の文化史――病・官能・感覚』
人権を守った政教分離の歴史……………………252
工藤庸子『宗教 vs. 国家』
遊歩都市パリの魅力をそっくり本に……………………254
ベルナール・ステファヌ『図説　パリの街路歴史物語　上・下』
痩身願望と美容の変遷たどる……………………257
ジョルジュ・ヴィガレロ『美人の歴史』
採取と養殖をめぐるドラマ……………………259
山田篤美『真珠の世界史――富と野望の五千年』

3　風俗・モード・性

ファッションはシュルレアリスムであること……………………262
リチャード・マーティン『ファッションとシュルレアリスム』
性への新しいアプローチ……………………265
石井達朗『異装のセクシャリティ』
表現体としての新たな身体論……………………267
ウジェニー・ルモワーヌ＝ルッチオーニ『衣服の精神分析』

下品な時代の最後を飾ったシモネタの狂い咲き……269
上野千鶴子『スカートの下の劇場――ひとはどうしてパンティにこだわるのか』
肉体の脆さと夢の謎を解く……272
鷲田清一『最後のモード』
強者の男性、正当化する科学……274
シンシア・イーグル・ラセット『女性を捏造した男たち――ヴィクトリア時代の性差の科学』
繊細なエスプリあふれる恋愛論……276
フランソワ・ジルー、ベルナール＝アンリ・レヴィ『男と女・愛をめぐる十の対話』
生物学の掟で解く恋愛行動……278
カール・グラマー『愛の解剖学』
美を求める歴史　仏十九世紀に探る……279
小倉孝誠『〈女らしさ〉はどう作られたのか』
外見の社会学への試み……281
須長史生『ハゲを生きる――外見と男らしさの社会学』
「欲望史観」で見た女の子たちの百年史……283
斎藤美奈子『モダンガール論――女の子には出世の道が二つある』
〝醜さパワー〟衰退の歴史……286
大塚ひかり『太古、ブスは女神だった』

昭和をうたった作詞家の自伝的小説 阿久 悠『転がる石』……288
性と虚構と現実がもつれる恋愛論＝小説論 鈴村和成『愛について——プルースト、デュラスと』……289
西欧モード五百点を編んだ必読必見の図録 深井晃子［監修］『ファッション——18世紀から現代まで 京都服飾文化研究財団コレクション』……293
アメリカ的生活様式から「スロー」へ 柏木 博『モダンデザイン批判』……294
「大勢で見る魔法」がお好き 三田村蕗子『ブランドビジネス』……295
日本の家屋の「個室化」への進展 柏木 博『「しきり」の文化論』……296
美食王による完璧な食卓の手引 グリモ・ドゥ・ラ・レニエール『招客必携』……297
「有名人」という究極のブランド アリッサ・クォート『ブランド中毒にされる子どもたち——「一生の顧客」を作り出す企業の新戦略』……298
博識のスパイスが効いた老獪なグルメ本 リオネル・ポワラーヌほか『拝啓 法王さま 食道楽を七つの大罪から放免ください。』……299

ビジネス化で失った魅力……300
ダナ・トーマス『堕落する高級ブランド』
声を題材に男性中心主義を撃つ……302
フェリシア・ミラー・フランク『機械仕掛けの歌姫』
フランスへの憧れかきたてる……304
和田博文『資生堂という文化装置　1872-1945』
宮廷の浪費あおったデザイナー……306
ミシェル・サポリ『ローズ・ベルタン――マリー・アントワネットのモード大臣』
大戦中の出会いと「大恋愛」……308
ハル・ヴォーン『誰も知らなかったココ・シャネル』
女性を熱狂させたデザイナー……310
マリー・クワント『マリー・クワント』
浮薄さ武器に変えて君臨……312
石井美樹子『マリー・アントワネット　ファッションで世界を変えた女』
編集後記　315
収録書名索引　321

書物のエスプリ

I

活字逍遥

イスラエル・シルヴェストル「ヴェネツィア、サン・マルコ広場」（17 世紀）

1 書物の声

水のバロック／水の衣裳

いつか、『海の衣裳』という本を書いてみたいと思っていた。ヴェネツィアの建築家フォルチュニーの創作したドレスを語りながら、華麗な〈波の衣裳〉に溺れてみたい――そんな夢をあたためていた。ところが、一冊の書物に出会って、その夢があえなく潰えてしまった。ヨシフ・ブロツキーの『ヴェネツィア』である。亡き金関寿夫氏の名訳になるこの書物はずいぶん評判になって刷りを重ねたが、ロシアにうとい私はこのノーベル賞詩人の名さえ知らなかった。『ヴェネツィア』を手にしたのは、表紙に、まぎれもないフォルチュニーの金色の衣裳があしらわれていたからである。秘密の夢に触れられたように驚いて、胸騒がせながらその場で本を買った。

そして、読みはじめた私は、たいそう困惑した。その狂おしい官能性に悩殺されてしまったのである。ヴェネツィアの美に五感が感応し、胸が苦しくなった。「ヴェネツィアの街はレースだ」と詩人は言う。運河に沿って建つ館《パラッツォ》は、石で彫られた繊細なレース。この世でいちばん美しい「女」。その女の姿が水に映る。ヴェネツィアの水、それは「鏡」だ。ここを訪れるひとは、鏡の迷宮の中をさまよう。魂を奪われて、この世のことを忘れ果てて、ひたすら美だけに囚われて。その水の迷宮は「舞台」。ひとはそこで、思わず知らず舞台衣裳のような華麗な衣裳に手をとおす。この水都はひとを狂わせるのである。読み終えてからも、悩ましくて、悩ましくて、一カ月ぐらいは心がうわずっていた。ヴェネツィアは、金に輝く滴で織られた衣裳。これがフォルチュニーの衣裳なのだと思った。このように見事な言葉の織物を前にして、このうえ見すぼらしい衣裳を紡ぐ必要がどこにあるというのだろう。こうして『海の衣裳』は幻の書となり、水底に沈んでしまったのである。

『ヴェネツィア』の原題は『WATERMARK』。潮の高さを示す「水位標」の意味のほかに、「紙の透かし模様」の意があるそうだが、水の描く模様を意訳して〈水のバロック〉と呼んでみたくなる。それじたい「鏡」であり「眼」である水、それは、あの透明な水ではない。たとえば、〈涙〉。ブロツキーの語る涙は、真珠の光沢に潤みながら、なお〈ティア〉の形をとどめてきらきら光る。バロックの水はいつも「視える」のである。さざなみながら華やかな形を造って眼を惑わせる水……。

その〈水のバロック〉に、覚えがあった。フランス世紀末の詩人アンリ・ド・レニエである。はたせるかな、『ヴェネツィア』にその名がでてくる。小説の技法はレニエに学んだ、と。レニエのどの小説かは明らかにしていないが、ブロツキー一流の韜晦ではないだろうか。その小説の雰囲気は「黄昏の光」、その舞台は「鏡」。ブロツキーはそんなふうに言っているが、まさにWATERMARKにも似た透かし模様のようなプロットの錯綜がレニエの小説作法だ。レニエこそは

〈水のバロック〉の詩人、終生水を愛した彼はまた「鏡」を愛し、錯綜しつつなお端正な技法を駆使して激流を抑止する。その典雅な味わいがいかにも高踏派の詩人である。しかもこのレニエはこよなくヴェネツィアを愛した。何度かこの水都を訪れて、『ヴェネツィア風物誌』や『水都』といった詩を編んでいる。ヴェネツィアは水の迷宮に遊ぶ魂を呼びよせるのだろう。

そして、ヴェネツィアという「この世でいちばん美しい女」は、ひとを〈過去〉に誘う。ブロッキーは語っている。美とはとどまるものだ、と。だから涙もとどまろうとして過去をふりかえるのだ、と。レニエもまた過去を愛した作家である。バロックの水は、うねうねと記憶の運河を流れながらたゆたうのだ。その水は、深い過去の淵から浮上して、透かし模様のように記憶の形見を散らしながら流れてゆく。『ヴェネツィア』は、一読してそのまま忘れていたレニエをありありと思い出させてくれた。

そして春が逝き、夏が過ぎ、ブロッキーもレニエの記憶も薄れかけていた頃、思わぬ流れからまたしても〈水のバロック〉に出会った。今度は川本三郎の『荷風と東京』がきっかけである。以前から荷風は好きだったが、「文人」荷風の仮面のあれこれをあざやかに語るこの荷風論は出色の面白さ、おかげで荷風を再々読した。そう、荷風こそは〈水のバロック〉の作家。ここ数年モーパッサンを読み返していた私は、水の流れに身をまかせながら、いつしか荷風も再読していたのである。荷風がもっとも傾倒したモーパッサンは〈水の魔〉を極める作家、読んでいると、ポオのように、死の沼にひきずられてゆく。

そんな水の流れのなか、荷風を再々読しながらまたしてもレニエに出会った。『雨瀟々《あめしょうしょう》』という短い掌篇にレニエの名がでてくる。というより、このタイトルがまさに〈水のバロック〉そのものである。雨、秋、風、落葉、黄昏、寂寥、哀傷――荷風の作品に流れる水の想念のことごとくがレニエと響きあう。そして、荷風のあの江戸趣味、すなわち過去への愛慕。これもまたレニエだ。荷風もブロッキーもふれていないけれど、レニエの小説の代表作といえば『生きている過去』である。舞台はイタリア。ある男女の恋愛が、時を越えて、一世紀以上も前に死んだ貴族の男女のそれと響きあう。過去の亡霊は現在に忍び入り、現在は過ぎた昔の悲恋をなぞる。時間は過去のなかに凍りついて、ヴェネツィアの運河のように隘路をくぐる。現在にむかって過去が流れてくるのである。そして、ここでもまた仕掛けは鏡。時間の錯綜は空間のそれと響き合って、典雅な「錯綜」の技法がいかんなく発揮されている。

こうして〈水のバロック〉をあやつるアンリ・ド・レニエ。いったいどんな詩人かと思うことだろう。国書刊行会の「フランス世紀末文学叢書」のなかに、『碧玉の杖』という短編集が一冊と、『詞華集』が一冊あるから紹介してもいいのだが、ここではあえて別のもうひとりにふれたい。もうひとりの水の詩人に。

そのもうひとりというのは上田敏である。いつしか〈水の文学〉の流れに身をゆだねていた私の記憶のなか、幼い昔に親しんだこの詩人が忽然とよみがえったのだ。記憶の運河を伝って、過去が現在の方へと流れてきたのである。『海潮音』が水底から鮮やかに浮かびあがって来た。海潮音――この響きがすでに〈水〉ではないか。「音楽は水の双生児だ」とはブロツキーの言葉だが、その分身の調べを響かせる訳詩集が『海潮音』である。フランス世紀末が〈水の文学〉のベルエポックだったことに、なんという紆路を通って気がついたのだろう。荷風が師事した上田敏こそ、水の詩人そのものではなかったか――。

けれど、この『海潮音』もまたレニエにまして読まれない詩集だろう。その魅力を語るには、百の解説より引用のほうがはやいので、ヴェルレーヌの「落葉」を引用しよう。

《秋の日のギオロンのためいきの身にしみてひたぶるに、うら悲し》。はらはらと、したたり落ちる落葉の滴が、音楽とひとつになっている。

その『海潮音』にレニエの詩が三篇おさめられている。なかでもひときわ水音が高い詩の一節を――

《しろがねの、月代《つきしろ》の霜さゆる隠沼《こもりぬ》はたそがれに、この道のはてに澱《よど》みてげにここは「鬱憂《うついう》」の鬼が栖《す》む國。

(…)

あな、あはれ、きのふゆゐ、夕暮悲し、
あな、あはれ、あすゆゐに、夕暮苦《くる》し、
あな、あはれ、身のゆゐに、夕暮重し》

白銀、月、夕暮れ、風、沼、寂寥、憂鬱、涙――メランコリックな水の想像力が雨のようにしたたっている。しかもその重い流れを、優雅な音韻と美で調律するところがまさにバロック。「形」の職人だった荷風がレニエにひかれたはずだと思う。そういえば荷風もブロッキーのように「衣裳」が好きだった。髪飾りや簪《かんざし》や着物のひとつひとつ、女を飾るあまたの装身具のフェティッシュが荷風の作品の「色」をかたちづくっている。現在の静かな荷風ブームをきっかけにフランス象徴派の詩や上田敏が少しでも読まれたらと思うのだけれど、難しいだろうなあ。

だけど、この〈水の文学〉にはポピュラーな作家がひとりいるのだけれど。誰だとお思い？　吉本ばなな。そう、ばななの世界は水そのもの、ゆらゆらと眠る月の下を漂う「甘い水」。ばななは「水の娘」なのである。むろん技法がないから、バロックからは程遠いけれど。そんなばななが読まれる時代はフェミニン。そういえば今年はモードも、水を思わせる透き通ったフロードレスが流行するらしい。ゆらゆらと、さだめなく、波のように、揺れるもの、それは女のドレス――おそらく、病み疲れた世紀末のマインドを「水の衣裳」が映しているのだろう。

シャネルの記憶／ブランドの記憶

シャネルという女はなんと魅力的なのだろう。これまでにもシャネル伝は少なくないが、生い育ちが謎につつまれているので有名だから、そのヴェールがはがれるたびにまた新たなシャネル伝が現われるかもしれない。ずっと楽しみにしているが、昨年〔一九九六年〕の夏、思いがけない贈り物のような作品に出会った。

フランスのアスリーヌ社から「モードのメモワール」と題されたシリーズがでていて、同時出版かと思うほど早い訳書を手にしたのである。そのシリーズのトップを飾るのが『CHANEL』。光琳社という日本語は奥付にあるだけで、タイトルも『シャネル』でなく、横文字のまま。訳書なのにほとんど洋書感覚でつくられているのがいい。なにより『CHANEL』のロゴがブランドとしてのあのロゴになっているのがカッコいい。まるでシャネルグッズのひとつを手にしたみたいに。

モードはたえざる関心領域のひとつだから、身辺にはモード関連のヴィジュアル本が多いが、いずれも厚くて高いものばかり。そのなかにあってこのシリーズは一般書とほぼ同じハンディサイズ、一〇〇ページに満たない薄さがいい。ちなみに『CHANEL』に続くのは、『DIOR』『VIONNET』『ALAIA』。いずれも魅力的なクチュリエばかり。さらにシリーズ第二弾は『VALENTINO』『JEAN-PAUL GAULTIER』と、わくわくするようなクチュリエが続く。

それにしても第一作がシャネルなのは、まさにシャネルの実力というべきだろう。くわえて、メゾンを継いだカール・ラガフェルドの力が大きい。この本の新鮮さも、ラガフェルドのカラー・デッサンが豊富に挿入されているのが理由のひとつ。さらに、これまでのシャネル本にはなかった貴重な写真が素晴らしい。たとえば、南仏のヴィラ、ラ・ポーザ館でリラックスしているシャネルの写真。ニットにパンタロンの〈シンプリシティ〉は永遠性をたたえている。あるいは、イギリスの恋人ウェストミンスター公爵のジャケットやズボンをたわむれに——しかし十分に計算して——着こなしている写真。シャネル・スタイルがいかにメンズの盗用であるのか、いわば生きた証拠写真だ。

それ以上にわたしのまなざしをひきつけてやまない一枚は、本で囲まれたあの名高いシャネルの部屋。伝説的なベージュのソファーで、シャネルとジャンヌ・モローがすっかり話しこんでいる。二人とも、もちろんシャネル・スーツ。シャネルは明るい色、いっぽうのジャンヌ・モローはダークカラーの。もう若くない二人の女の脚の美しさ……。まるで映画の名場面のようにこころに響いて、見る者に何かを語りかけてくる。そして、表紙にあしらわれているマン・レイ撮影のシャネル。シンプルな黒の上下に、何連ものパールのネックレス、両手におおぶりのブレスレットをいっぱい。

黒のハットにオリジナルなハットピンを差して、くわえタバコの粋な女――あたりまえなのだけれど、こんな「いい女」はココ・シャネル以外に誰ひとりいない。よく見るマン・レイのこの写真は、そう思わせる迫力をもっている。

永遠の定番と、未公開の図版とのミックスのぐあいが実によくできたヴィジュアル本だ。知らなかっただけに、幸福な気分になった。

その幸福感は、反動で、わたしのこころにわだかまっている「不幸」な思いをよびさます。ポール・モランの『L'allure de Chanel』のことである。といっても、日本の読者には、『獅子座の女シャネル』と邦訳タイトルを言ったほうがいいだろう。その原書が、モランの『L'allure de Chanel』なのだ。直訳すれば『シャネルのアリュール』。ベストセラーになったシャネルの香水が「アリュール」だから、今度訳しなおすならそのままのタイトルのほうがすてきだと思う。いや、タイトルだけでなく、実は本文全部がわたしにとっての不幸なのである。

モランの原書を読んだのはもうずいぶん前のこと。すばらしくセンスの良いシャネル論だと感動して、シャネルに深入りするきっかけになった本だった。しかし、その時にはまだ、別の方向からもういちどモランに出会うことになろうとは夢にも思わなかった。そう、シャネルとはまったく別の窓からもわたしはポール・モランに出会ったのである。〈水の文学〉の系譜のなかで――。モランもまた、水を愛し、海を愛した作家、フランスの世紀末に流れる水の文学に二十世紀の息吹《エスプリ》をふきこめばモランの世界ができあがる……。それにしても、シャネル論の作者もまた水の作家のひとりだと知ったときには、〈水〉という物質の魔のような自在さと流れの豊かさに身を洗われる思いがしたものだ。

水の幸福感でつい話がモランのことにそれてしまったけれど、こうしてポール・モランを愛するがゆえに、わたしにとっては、『シャネルのアリュール』の翻訳が不幸なのである——なんて、まわりくどい言い方をせずに、シャネルみたいな「毒舌」をはいてしまおう。版を重ねて読みつがれているこの訳書は、実にひどい訳なのである。まったく恣意的な訳なのだ。わからない単語は平気で省いているし、原文にまったくない文を加えているし、基本的なフランス語の文法がわかっていない。その「恣意性」がどれほどのものか、冒頭から具体的に指摘してみよう。第一章の原文は五パラグラフからなっているのに、訳文はパラグラフの区別なく全部つながっていて、そのかわり原文にはまったくない改行がずらり。ほとんど一文章ごとに改行している。あともすべてこの調子で、実に「オキラクな」翻訳なのだ。シャネルの伝記の定番のひとつとして、おそらく服飾関係の人たちにもよく読まれている本だろうと思う。それだけに、こんなひどい訳で残念というか。読まされている読者はいい迷惑だというか。

モランの『L'allure de Chanel』を読んで以来、そんな「不幸」がわたしのなかにわだかまっているが、それもやはりシャネルがすごいからだと思う。シャネルを語ることは、二十世紀の女を語り、パリを語り、芸術を語り、都市を語ることになるのだ。同じように、シャネルほどでなくても、現代いわゆるブランドとして名の通っているメゾンの歴史は、とおりいっぺんの歴史書などよりはるかに面白い。

たとえばルイ・ヴィトン。ナポレオン三世の皇后ウージェニーの御用商人から出発したこの荷造り商がどんなトランクを造っていたか、トランクの歴史がそのまま消費文化の歴史になっていて、旅の文化史にまったく別の角度からアプローチできる。実は、数年前のパリ滞在中、日本からのFAXで「旅の携帯品」についての原稿を依頼されたわたしは、思いたってルイ・ヴィトン博物館に行ってきた。ヴィトン家三代が住んでいた住居がそのまま博物館になっていて、歴代の名品が展示してあったが、室内のインテリアがすべてアール・ヌーヴォー。ヴィトンとティファニーが友人だった事実がありありとしのばれた。自動車を製品化するルノーもまたヴィトン家の友人で、ルイ・ヴィトンの歴史はそのまま「交通の歴史」でもある。こんなふうにブランドの歴史が面白いのは、時の先端をゆくハイテクがクロスオーバーしているさまが手にとるようにみえるからだ。ルイ・ヴィトンの社史『思い出のトランク』は翻訳されていて、ヴィジュアル資料も素晴らしい。

そういえば、つい最近、エルメスの社史がでた。エルメスもまたルイ・ヴィトンの同時代人、今年で創立一六〇年である。その記念に、初の社史がほかでもない日本で出版された——なんて、もっともらしく書いたけれど、これはあとで知ったこと。新聞の書籍広告で、竹宮惠子『エルメスの道』

を見たとき、「これって、あのエルメスかしら？　で、マンガなの？」と思いながら発注して、あっと面白く読んでしまった。エルメス社が日本の漫画の高水準に着目して、初の社史を依頼してきたのだそうである。エルメス社の期待に応えたのは竹宮惠子。さすがの力量で、十九世紀のパリ文化が生き生きと正確に描かれている。

ストーリーの面白さはもちろんだけれど、とくにわたしの印象に残ったのはやはりテクノロジーのクロスオーバーだ。というのも、たえず製品の技術開発に励むエルメスが出会ったのがアメリカ産の「ファスナー」だったのだが、このファスナーを初めてスカートにつけることを考えたのがシャネルなのである。《この事実は意外と知られていない》というコメントにうなずきながら、こんな発見があるからブランドの歴史って面白いと改めて思ってしまう。鮮やかなオレンジ色と焦茶のリボンのエルメスの包装をそのまま表紙にあしらったブックデザインが、ひときわおしゃれ。

それにしても、いまこの文を書きながら、なにげなく『エルメスの道』の最後の参考文献を見ていたら、わたしの本があがっていた。うれしい驚き！　エルメスはもともと馬具商だから、鹿島茂さんの『馬車が買いたい！』があがっているのはもちろんだけれど、山田登世子『メディア都市パリ』って、あまり直接関係ないんですけれど……。竹宮さん、お役にたてました？　だったら、メルシー。

またしても思わぬ贈り物みたいなこの幸福感。しばらくのあいだ『シャネルのアリュール』の不幸は忘れることにしよう。

誘惑者の肖像

〈コケットリー〉という語はもはや死語である。

一〇〇人の学生に聞いてみて、この言葉を聞いたことがあると言うのは二、三人。あとはみな、聞いたこともない言葉だと言う。

男と女の境界線がそれほどうすれてしまったのだろう。エロスという言葉が輝きを失ったのと同じ理由で、コケットリーもまた遠くうすれゆく風景のひとつになってしまった。

私の積極的なノスタルジーなのかもしれない。コケットリーという語にときめくような懐かしさを感じてしまうのは。あるいは私の専門がヨーロッパだからだろうか。ヴェネツィアが都市ごとそっくりコケットリーの都市であるように、パリもまたそうだ。

コケットリーとは女の魅惑である。誘惑者である女の魅惑。そう、ヴェネツィアもパリも〈女〉なのだ。美しくひとを惑わす水の都、モードの都——。アジアの都市の活気とも、エスニックの魅力ともちがった、ヨーロッパ独特の誘惑の力、それがコケットリーなのだと思う。

たとえば、パトリス・ルコント監督の最新作『リディキュール』の裏返しの主題はまさにコケットリーではないだろうか。十八世紀のヴェルサイユ、社交界のエスプリの残酷さを知りつくしつつ、なおその舞台に踏みとどまる伯爵夫人の影ある美しさ。華麗な仮面舞踏会のラストシーン、自分を捨てて宮廷を去ってゆく恋人の後ろ姿を見ながら、眼に涙してじっとその場にたたずむ女のえもいわれぬ優雅。ファニー・アルダン演じる伯爵夫人はほんとうにコケットそのものだ。コケットリーの魅惑に輝きわたり、かつその哀しみをにじませている。あんな女を生みだすのは、宮廷文化を経験したヨーロッパ以外にありえない。アメリカは駄目。アジアもちがう。そして、それ以上に、「カワイイ」が最高の賛辞と化してしまった日本では、コケットが死語になるのは当然すぎるほどに当然なのだろう。

まったく、ブランド大好き、カワイイ大好き——こんな日本のコギャルたちにコケットリーなんて無縁そのものである。「女子高生がいちばん」になってしまった日本は、ますますエロスが幼稚化しているのである。

だから〈コケットリー〉はもはやアンティークだ。そのアンティークが私のこころをそそる。大人の女の誘惑の力、誘惑者の肖像が——。

そんな私のノスタルジックな想いを満たしてくれる書物がある。ベルリン育ちの哲学者ジンメルの『文化の哲学』である。とくに「コケットリー論」が素晴らしい。ただし、翻訳がよくないので、たいそう読みづらいのが残念でならない。ベンヤミンの著作もそうだったが、ドイツ語が読めない私は、フランス語訳を買ったりして長いあいだ悩みつつ愛読していた。それだけに、『パサージュ論』全五巻が素晴らしい訳ででたときには本当にうれしかった。同じようにジンメルも、素晴らしい訳で新訳がでてくれないかとひそかに期待しているのだけれど、その希望の兆しを感じさせる出来事があってうれしく思っている。

それというのは、講談社の「現代思想の冒険者たち」のシリーズで予定されていた『ジンメル』〔北川東子著〕がようやく出版されたからである。さっそく読んで、期待を裏切られなかった。歯切れよく、明快な言葉でジンメルの世界が語られている。この哲学者が〈女〉を語るにふさわしい男である理由が、その生涯にそくして説得的に語られている。ジンメルの初の紹介として、本当によく書かれた本だと思う。

たとえば売春論など、面白いもののひとつだ。「愛の理論」が「貨幣の理論」とみごとに結びつく。そういえばジンメルは「貨幣の哲学」の第一人者でもある。こういう理論性は女性の論者になかなかない魅力だ。そう、ジンメルは男なんだけど女でもあるのである。著者いわく、《ジンメルはコケットである》——著者のこのエスプリも秀逸ではないか。

そんなわけだから、さぞかし「コケットリー論」についての卓見もあるのではと期待したのだが、残念ながら、これについては、いまふれた、ジンメル自身の「知のコケットリー」以上に踏み込んだ議論はなく、ただちに売春論に移ってゆく。

コケットリー論に踏みこんでないのが、ほんとうに残念だった。きっと著者は私ほど「誘惑者としての女」にノスタルジーを感じていないのだろう。むしろフェミニズムに近いスタンスを感じさせる文章だから、コケットリーの〈反動性〉の危険性を回避したのか、それともたんにノスタルジーを感じるにはあまりに若いのか。おそらく後者の理由にちがいない。限られた紙幅でジンメルの全体像を語るのに、コケットリー論だけに偏するわけにもゆかないのだろう。

そんなわけで、私は、ひとりでジンメルのコケットリー論をふたたび反芻する。《社交性が社会性の遊戯形式であるように、コケットリーは愛の遊戯形式である》——もうすっかりそらんじている論の一節である。そうコケットリーとはまさに「愛の遊戯形式」なのだ。結婚でもなく、真剣な恋愛でもない、〈雅〉としての恋愛遊戯。遊戯だからこそ、社交界や宮廷でその「形式」が洗練される……。そう、ひらひらと扇をうちふる貴婦人の仕草のように、相手を見るともなく見ながら、はすかいに自分を見せる遊戯。薄絹やヴェールで自分を隠しながら、隠すことによっていっそう自分を「見せる」誘惑術の数々……。

いかにも優雅なそれらの技法の数々は、しかし、身につけるのが難しい。見せすぎては駄目、目立たなくてももちろん駄目。それ以上に、本気で相手を愛しては駄目。かといって、相手をだますのでもない。本当と嘘のあいだを揺れる愛のゲームのそのあやうさ。そう、コケットリーとは「あいだを揺れる」ことなのである。嘘と真実、イエスとノーの二つのあいだを。

このあやうさにおいて、女のコケットリーは男のダンディズムに似ている。ダンディズムもまた二つのあいだのバランス・ゲームだからである。奇異と卓越、独自性と調和、目立つことと目立たないことのあいだ——ダンディズムはそれら二つのあいだの危険な綱渡りである。ひとを驚かせ、人目をひきつつ、それでいて奇抜でないこと、目立ちながら目立たないこと、二つのあいだの繊細なバランス・ゲームがダンディズムだからだ。

こうして男のダンディズムと女のコケットリーが似てくるのは実は当然かもしれない。なぜなら、女もダンディも、いずれ劣らぬ〈誘惑者〉だからだ。

そう、誘惑するものは表層であって力ではない。空虚な表層が誘惑する。内容があるかないか、その真偽のほどは重要ではなく、重要なのは、ある「かのように」思わせる表層の技法なのである。ジンメルはそれを語って、たとえば次のように言う。《隠すことは修飾することであり、内容に価値があるかのように思わせることである》。

そのとおり、「隠す」ことは「見せる」以上に「見せる」ことなのだ。そう、誘惑するものはいつでも〈仮面〉であって実体ではない。〈化粧〉であって〈素顔〉ではない。

そう、たとえば、セルジュ・リュタンスの作品の中のあの女たちの肖像は、いったい仮面だろうか、素顔だろうか？

女のコケットリーとはあくまでも「決定不能」。あるような、ないような、あやうい「愛の遊戯形式」だからだ。ジンメルが言うとおり、《コケットリーは、およそすべての最終決定で終わる》のである。

だから、決めてしまっては駄目。きっぱりしたノーもはっきりしたイエスも駄目。ゆらゆらと揺れるマラルメ夫人の扇のように、イエスとノーのあいだを揺れること……。優雅でみやびやかなそんな遊戯の技法は、もちろん大人の女のものだ。私がコケットリーにいだくノスタルジーは、大人の女の色っぽさへのそれにちがいない。

たとえばマドンナのような、グラマラスな女でもなく、かわいいアジアの女でもなく、むろん日本のコギャルでもなく、ヨーロッパにしかいない女へのノスタルジー。

こうして私がしきりにノスタルジーと言うのは、もう失われてしまったからである。パリのようなヨーロッパの首都が憧れであった古き良き時代が。アジアがすっかりブームになって定着している昨今、〈コケットリー〉なんてすっかり黄昏《たそがれ》てしまっている。

だから、おそらくないだろう。この国でジンメルが読まれる時代がやってくるなんて。去年までの『マディソン郡の橋』といい、今年の『失楽園』といい、アダルトの恋は話題にはなるのだけれど、コケットリーでは、決してない。

そう、パリの輝きはもう二度と……。だからこそ私はコケットリーが恋しいのだろう。優雅な「愛の遊戯形式」の、反時代的な、贅沢な夢――もしそんな夢に酔いたい読者がいたら、ジンメルのコケットリー論をお薦め――と言って、また悲しくなった。薦めようにも、ものがないのだ。ジンメル著作集は限定八〇〇部の出版である。実は私も著作集を買いそこねて、昔買った『文化の哲学』一冊きりしか持っていない。

そういえば、コケットリーやダンディズムにかかわる古典はマイナーなものばかりだ。ジンメルがいま述べたようなていたらくなら、ダンディズムの古典、バルベー・ドールヴィイの『ダンディズムとジョージ・ブランメル』なんていまだに未訳のままだ。惜しい。

そして、ジンメルのコケットリー論は新訳がでないのがもっと惜しい。ドイツ語だから訳しなおす力はないけれど、応援団のような気持ちで、コケットリー論を一冊新書にまとめた。(1) 女の誘惑の技法をあれこれ綴っている。

そう、コケットリーとは「女である技法」なのだ。あるものをないように、ないものをあるように見せる誘惑の技法。懐かしい誘惑者の肖像――ノスタルジーが昂じて、読みたい本を自分が書いてしまったのかもしれない。

注

（1）『ファッションの技法』（講談社現代新書、一九九七年）。

パリ・イエスタディ

ジャネット・フラナーの『パリ・イエスタディ』を読む。一九二五年から三九年まで、パリ在住のジャーナリストが『ニューヨーカー』誌に書き送った「パリ通信」の抄訳である。きびきびとアップテンポな筆の運び、時に辛辣なパンチのきいた時評を読みながら、〈狂乱の二〇年代《レ・ザネ・フォール》〉の名残をたたえたパリの良き時代が生き生きと眼にうかぶ。

一九二五年のトップ・ニュースはジョゼフィン・ベーカーの華やかなデビュー。続いて、トリスタン・ツァラの結婚のニュースである。そう、ニュース。これはまさに時のニュースのあれこれをリアルタイムで報じる「パリ通信」なのだ。そのジャーナリスティックな速報性がたいへん魅力的。しかも、語りに見事な批評性がある。たとえばツァラの結婚記事の一節はつぎのようだ。《トリスタン・ツァラが、つい最近、スウェーデンの富裕な実業家の娘と結婚した。貧しい詩人が首尾よく結婚することはきわめて稀なことである》。

後の一行が、〈文学なるもの〉についてのメタ批評そのものになっているではないか。こうしたスタイルの批評性が面白くて、ついページをめくってゆく。ツァラのつぎには、フランス料理の名シェフとして名高い二人、エミール・プルニエとマザー・ソレの死去のニュース。そのあとには、アンリ・ルソーをめぐる文が続く。生前は少しも認められなかったこの日曜画家の絵がいまや破格の値で買われているという。それも、プラハ美術館やベルリンの美術館などの外国で。つまりフラナーが言いたいのは、「フランス人の眼がいかに節穴だったか」ということなのである。この痛快な辛辣さ。

ヘミングウェイやフィッツジェラルドをはじめ、アメリカ人があれほどパリに憧れたこの時代、時の気分に染まりきらずに、それでいてこよなくパリを愛しつつ、このようなアイロニーのきいたパリ通信がよく書けたものだなあと感心する。パリという都市の魅惑に溺れない、クールな距離感が小気味よい。

そう、『パリ・イエスタディ』の面白さは一時代のパリ文化をそっくり批評の対象にしていることだ。有名人の名がずらりとならんでいるとおり、「時の人」をめぐって書かれた一種の〈セレブリティ伝説〉には違いないのだが、その目配りが芸術家だけに偏っていないところが新鮮である。たとえば、いまふれた、冒頭の一九二五年。ジョゼフィン・ベーカーとともにとりあげられているのは「料理人」である。この人選だけでも、パリの都市文化が多彩に、グローバルに見えてくる。たとえば、一九三五年もその典型だ。「シェイクスピア書店」や「ポール・ポワレ」にまじってアンドレ・シトロエン死去のニュースがあるのが面白い。シトロエンの名があるだけで、三〇年代が「自動車時代」の幕開けであった事実が鮮やかに記憶にうかびあがってくる。「パリのアメリカ人」と「ハリウッド」と「シュールレアリスム」の時代は、同時にスピード狂時代でもあったのだ。

そんな文化史的な感慨もさることながら、シトロエンのエピソードは理屈ぬきに面白いので、ぜひ引用しておこう。

《自動車旅行でスペインとの国境にさしかかったとき、税関の役人に呼びとめられて尋ねられた。「名前は?」「シトロエンです」と彼は答えた。「車の名前じゃない。あんたの名前を聞いているんだよ」と役人は一言った。「ああそうですか」、この自動車の製造者は言った。「私はシトロエンという者だが、この車の名はヒスパノ(スペイン)だ」。それは本当だった》

こうして「事実をして語らせる」ジャーナリストならではの文体に運ばれて、今は亡き〈パリ・イエスタディ〉の日々がよみがえる。シャネルのアメリカ進出、ジッドのソ連訪問、そして、パリのアメリカ人たちの活気で息づいていたサンジェルマン・デプレのベルエポックの記憶。カフェ・ドゥ・マゴがアーティストたちのたまり場として熱気をはらみ、アウラを放って輝いていたパリの良き日々のぬくもり……。ほんとうに、そんなパリはイエスタディのことだったのだ。

――そのような感慨にふけりながら、私は本を閉じる。と、パリ・イエスタディという語が、今度は一種の哀感をもってこころに響いてくる。そうしてパリが世界に輝いたベルエポックがみるみる遠く、はるかに遠ざかってゆくのを感じるからだ。

アポリネールの感傷が、あらためてこころにしみる。

《ミラボー橋の下をセーヌが流れ、われらの恋が流れる。
私は思い出す。苦しみの後に歓びがやって来ると。
日も暮れよ、鐘も鳴れ。
月日は流れ、私は残る》

ミラボー橋の下を、〈パリ・ベルエポック〉が流れてゆく。二度と帰り来ぬ良き時代のパリが……。

月日は流れ、パリは残る――思わずそうつぶやいてしまうほど、パリのアウラのなんとはるかに遠いことだろう。パリは残る。月日の流れのなかに。遠い記憶の博物館に。

パリによせる私のこの感傷は、的外れではないと思う。それほど昨今のパリ人気の凋落ぶりにははなはだしいものを感じるからだ。

実際、学生たちに、行ってみたい外国の都市は?と、たずねても、「パリ!」なんて答えが返ってくることはほとんどなくなってしまった。かれらの関心はまずアジア。たまにヨーロッパと言う場合にも、一番人気はロンドン、つぎにはイタリアの都市である。

以前に、「コケットリーという語はいまや死語である」と書いたけれど、そのことと、このパリ人気の凋落は同じことなのだと思う。というのも、ここ一〇年ほど日本で流行しているものは、ことごとくアンチ・パリ的なるものだと断言してもいいほどだからである。

なかでも圧倒的なのは〈カワイイもの〉の専制だ。花模様やファンシー模様の「小物たち」はアンチ・パリ、イギリス系のテイストである。なんといってもイギリスはアリスの国、少女趣味の国なのだから。名著『イギリスはおいしい』のタイトルは著書の卓抜なユーモアの産物だが、「イギリスはかわいい」はユーモアでもなんでもない、事実性そのものなのだ。

そして、〈少女〉にくわえて、〈ティー〉人気、さらに〈ガーデニング〉ブームを加えれば、イギリスのテイストは専制的と言ってもまちがいではないだろう。この流れが逆転して、コケットリーなパリ文化がふたたび人気を呼ぶ気配など少しも感じられない。

パリのベルエポックの輝きははるか遠く、セーヌを流れて記憶の博物館に沈んでゆく。痛みのようなせつなさがこみあげてくる……。

けれども、そんな感傷的な気分の甘さにひたるのも時にはいいけれど、イギリスのテイストすなわちアンチ・パリという文化の対照性にもっと明瞭な認識と言葉をあたえなければ、とも思う。

そう、〈西欧〉などと言うけれど、ロンドンとパリの文化の質は正反対、二つを一緒に〈西欧〉などというのは不正確そのものなのである——そう言いきって、二都市の対質に明晰な言葉をあたえている論者がいる。フランスの地理学者オギュスタン・ベルクだ。ベルクの新書『都市のコスモロジー』は、サブタイトルにあるとおり、「日・米・欧都市比較論」。イギリスの都市とフランスの都市がいかに「似ていない」か、眼から鱗が落ちるように説得的に語られている。その説得性は、地理学という地味な専門が感じさせるものとはほど遠い、華やかな博識と、日本にたいする「かわいた」批評性に由来している。

「日本——あるいは東京——とイギリスの都市はよく似ている。それと同じ程度に、日本とパリは似ていない」——ベルクの本にそんな文章があるわけではないけれど、その比較都市論はそう言い切ってしまえそうな明瞭な認識をひらいてくれるのだ。

地理学をベースにしたベルクは、自然と都市性との関係そのものを言語化することから論を説きおこす。〈舞台都市〉パリの都市性は、みずからを自然に対立させることから始まるのにたいし、イギリスや日本の都市は自然に準拠するのを特徴にしている。だからこそ、パリでは都市それじたいが〈眺め〉となり〈風景〉になるのだが、これにたいし、後者の都市では、自然が〈眺め〉になるのである。要するに、パリはヴェルサイユと同じ舞台空間なのであって、同じようなバロック空間はイギリスにも日本にも存在しない。

三年前、読んですっかり感動した私は、以来、『日本の風景・西欧の景観』から『風土の日本』まで、ベルクのよき読者になるとともに、英米系文学をフィールドにしている友人たちにも彼の本をぜひ読めと言い続けている。ほかでもない、「フランス系と英米系が互いに無関心」になりがちな理由が、理論的に語られているからである。

そう、〈気分的〉な疎遠感にとどまっているものが理論的に解明されてゆく知的快楽。ベルクの書物があたえてくれるものはまさにそれなのだ。日本やパリにたいする過剰な思い入れが一切ないベルクの批評性には、感傷的なものを一掃して理論的な地平をきりひらく力がそなわっている。

さはさりながら、ひとは感情の生きものであるのもまた事実――。

理論的な認識の快楽は、だからといって感傷的な気分を埋葬してしまうわけではない。「十九世紀の首都」パリのアウラの輝きの凋落はやはり私の哀感をさそう。

あれは昨日のことだったのに、はやその昨日の日々はセピアに染まり、記憶の水底に沈んで凍えてゆく。幻惑のバロック都市の落日……。

時は晩秋、暮色に染るパリ・イエスタディに、せめても哀惜の滴の花びらを。

ヴィクトリアン・ブラック

思いっきり手痛いパンチをくらってみたい。これまでの自分の認識を根本から覆すような書物に出会って、呆然と立ちすくんでみたい——研究者なら誰でもこうした一種マゾヒスト的な願望をどこかに抱えているはずである。

久しぶりにそんなマゾヒズムを満たしてくれそうな一冊に出会った。アン・ホランダーの『性とスーツ』（白水社）である。帯の惹句に「画期的な服飾史！」とあるが、その画期性は、何といっても、「男のスーツは〈セクシー〉である」という著者の主張の大胆さだろう。ホランダーは、身体にフィットせずにからだのラインをつつみ隠す紳士服について、「だから肉体性を感じさせない」という従来の服飾史の〈常識〉に逆らって、「だからこそスーツは男性の性的魅力をひきたたせるのだ」と、真っ向対立する見解をもってくるのである。意表をついたこの主張には、まさに黒を白と言いくるめるような歯切れの良さがある。この歯切れの良さは、「訳者あとがき」の文章のそれでもあって、実は、その解説にまとめられた「スーツは、セクシーである」という一文が私のマゾヒスムをそそったのが、そもそも読み始めたきっかけだ。

そうだったのか。ボードレールが語ったあの〈喪の衣装〉は憂愁の詩人特有の偏向だったのか。ダーク・スーツに身をつつんだ近代の男たちは、みずから身体の誘惑性を葬り去り、〈黒の葬列〉と化したというあの定説は、どこか思いがけない誤謬がひそんでいるかもしれない――読み始める前の私は、そんな期待感に胸をはずませていた。

そして、いざ本文を読みすすむにつれ、しらけた思いがつもってゆく。ホランダーは少しも私を説得してくれないのである。《近代ファッションにおいて、性的要素は衣服の第一の属性である》。この前提条件は、良い。賛成だ。近代以前の貴族文化では、衣服の属性は身分を顕示することにあったのに比し、近代は、衣服が性差の表現に仕えるものになった移りゆきは服飾史の常識だからである。

けれども、それ以上の男性スーツの性的魅力に関しては、著者の文章は少しも読む者のこころに響いてこない。伝わってくるのは、このアメリカの女性美術史家の〈モダニズム礼讃〉ばかりである。ホランダーによれば、無地のスーツはモダニズム芸術のあの抽象性と同じ美意識でつくられており、モダニズム芸術がそうであるのと同様に、衣服の「完成形態」なのである。だからこそ女性も紳士服を模倣し、メンズの側に越境を果たしたのであり、その逆はありえない。優れたものが劣ったものを模倣することなどありえないからだ……。

著者のこうしたモダニズム礼讃にはとてもついてゆけない。というよりこれは、言ってみればモダニズムをテロスとした「目的論的」な服飾史観なのである。たしかに服飾史にかぎらず、事例の羅列に終始する歴史的相対主義は退屈なものと決まっているが、といってホランダーの独善的な〈モダニズム主義〉の服飾史もいただけない。

だいいち、たとえスーツが史上最高に美的な衣服であったとしても、いったいそれが、どういうふうにセクシーなのか？　《スーツの外見は、意識的に簡素化された動的な抽象体というモダン・ルックであり、この抽象形そのものが強いセックス・アピールを放っているのである》――なんて言われても、「そ〜かしら？」と思う程度、私のなかのマゾヒズムは満たされるどころではない。そう、『性とスーツ』の論旨の弱さの一つは、それが「誰にとって」セクシーなのかを明らかにしていないことにある。その抽象的なデザインは、異性である女から見てセクシーなのか？　もしそうだとしたら、それを模倣した女性スーツは、誰の目にたいしてセクシーなのだろう？

結局のところ、「スーツはセクシーである」という著者の魅力的な主張は残念ながら論証不足だと言わざるをえない。説得力に欠けるのである。むしろ、私が『性とスーツ』に感じとるもの、それは〈アメリカ〉の匂いだ。キャリアウーマンの制服みたいにスーツが定着している、あのアメリカ。ハリウッドが栄え、グラマラスな女と強い男が栄える、あのアメリカ――ホランダーの著書から伝わってくるのは、こうした「二十世紀の首都」アメリカの強烈な匂いである。意地悪な言い方だが、このあっけらかんとした〈明るい〉自民族中心主義には、「さすがアメリカン」と言いたくなってしまう。

というわけで、目から鱗がおちてみたいという私の期待は見事に裏切られて終わったが、ほどなく、そんな私の失望感を癒してあまりある書物にめぐり会った。ジョン・ハーヴェイの『黒服』（太田良子訳、研究社）である。

著者ハーヴェイはイギリスの小説家。創作を続けながら大学で英文学を教える。『黒服』は、ハーヴェイが広く文学、美術、評論をフィールドに、ダークスーツに身をつつんだ男たちの肖像を探ね、その様相を探求した長大な研究書である。いや、スーツといってはまちがいだ。ハーヴェイの探求のタイムスパンは長きにわたり、スペインのドミニコ派の僧服からナチスのブラック・シャツ、さらに近年のパンクに至るまで、文字通り〈黒の男たち〉の系譜を、丹念に、かつ繊細に描き出しているからである。原題は『Men in Black』。文字通り、〈黒の男〉の文化史である。

その文化史は、第一章からいきなりこう始まっている。「誰の葬式だ?」と。そう、ハーヴェイが訪ねようとしているのは「近代」の黒の男たちのルーツなのだ。彼は問う、「新興中産階級はなぜ黒を着たのか」と。近代資本主義に生きる男たちは、なにゆえにこの暗鬱な色を選んだのだろうか?　しかも、この服喪の色が二百年もの長きにわたって存続している理由はいったい何なのか?

ということは、ハーヴェイも、ホランダーと同じ問題を考察しているのである。答えは前者のほうがはるかにオーソドックスであり、決して定説を覆すものではない。けれども、男性作家によって書かれた男性論でもあるこの希有な〈黒の文化史〉は、文章のひとつひとつ、目配りのひとつひとつがドラマティックに構成されていて、読む者のこころを黒に染める。読みながら、暗鬱な闇と夜の暗さが、重く、重く、辺りに降りて来る。華やかな色を禁じ、装飾を禁じ、快楽を禁じる、暗いこころ。

ホランダーが黒の重圧を軽快に覆そうとするのにたいし、ハーヴェイは、歴史に登場した黒服のひとつひとつの襞にわけ入り、その闇の色が、誰の、どのような喪に服していたのかを問いただし、その黒がいったい何を禁じていたのかを暴いてゆく。ハーヴェイは、黒の〈苦さ〉とその〈力〉をあらためて反芻してみせるのである。

黒の苦さ。実際、この禁欲の色のなんという苦さ、重苦しさだろう。ディケンズの文学のなかの黒を語る「イギリスの暗い家」の章など、「重苦しい抑圧感」がたちこめた文章は、悲痛をとおりこして不吉な暮色につつまれている。ピューリタニスムの禁欲的モラルがどれほど堅く男たちの心身に食い入っていたのか、その抑圧の強さのほどを改めて思い知らされる（実際、ハーヴェイは、フーコーの『性の歴史』がピューリタニスムの禁欲的モラルの残した爪痕を過小評価していると批判しているほどだ）。

そして、かつてないリアリティをもって読者に迫ってくるのは、こうした黒の抑圧感だけでない。『黒服』のなかでもひときわ冴えわたるのは、黒の〈権力性〉を語るページである。そう、ダンディズムの黒は〈卓越性〉の黒だ。スペインのドミニコ派の黒服から十九世紀の紳士に至るまで、黒はエリート階層の色であった。ハーヴェイは、黒のこの〈強さ〉を印象的な言葉で語っている。《黒は、重厚さを表し、それでいて没個性を装うことができる。単独であれ、集団の中であれ、黒服を着た男は重大な力の手先である》。

重大な力の手先――軍服の黒から、犯罪者の黒、そして探偵の黒まで、ハーヴェイの言葉はゆたかな残像を読者に残してゆくが、同じことは、没個性の〈装い〉にも言える。そう、この〈権力の黒〉が幾重にも濃い暗色に染まるのは、それが「黒を装う黒」であり、没個性を「装う」卓越性であるからなのだ。

あけっぴろげな自民族中心主義を見せてはばからないアメリカン・マインドと対照的に、ヴィクトリアン・マインドは尊大な力を自覚しながら、決してそれを外にのぞかせようとしない。それは、エリートの色でありながら、自己のエリート性の顕示を抑制しようとする。この屈折した自意識のまとう色こそ、まぎれもないヴィクトリアン・ブラック、〈大英帝国の黒〉なのである。

《何が黒かったのかといえば、ヴィクトリア朝の道徳観が黒かったのではなく、ヴィクトリア朝の自信に満ちた繁栄を倫理的にとらえようとする意識が黒かったのだ。自意識は屈折し強調されるものである。だから、威厳を示すときに窮乏を装い、豊かさを表示するときに死別を悲しむもののように装い行動するような社会は、そういう形で噴出せざるをえない不安な意識が流れていたことを想定するのが当然であろう》

こうして鬱屈してやまない、大英帝国の黒。近代の帝都ロンドンの暗鬱と、二十世紀の帝都ニューヨークの軽薄と……。

思いがけず黒の主題の二つの変奏を聞き終えて、私のこころに忘れえぬ残響を残してわだかまるのは暗い禁色の旋律である。ひと口に〈欧米〉というけれど、〈欧〉と〈米〉の黒ではこれほどにも大きな差異があるのだ。いや、〈欧〉ひとつ取っても、島国イギリスと大陸では同じ黒服が別の言語を語っている。同じように、アジアの黒、南の黒、未開の黒――それぞれの文化のなかで、黒はそれぞれの旋律を奏でているに違いない。誰かこの〈黒の文化史〉の続編を書いてはくれないだろうか――そう期待したいほどに、この『黒服』の放つ光沢は強烈である。

声のアクアティーク

水を愛する者は夜を愛す。光の支配が終わって暮れなずむ夕べ、ひたひたと薄闇がひろがってゆく、あの薄明の白さ。あるともないともつかぬ〈あわい〉の時のえもいわれぬ魅惑。その白い夜のなかを流れてゆくのは、銀の河。ふうわりと、ゆれるように、流れただよう。ものの重みを失って、宙にただよう霊の流れ。透きとおった銀の河。

そう、水を愛する者は、霊の世界とこたえかわすのだ。〈水の種族〉というものがたしかに存在していると思う。たとえば、何度読みかえしてもひきこまれずにはいない、あのモーパッサンの傑作『オルラ』。

夜な夜な水差しの水を飲み、ひとの血を吸って生きるオルラは〈水〉の魔物だ。いつかしら姿の見えない魔物が棲みついて、どこからか自分を見ている――。水の魔の不気味さをそくそくと伝えるこの名篇は、水のマインドが感応する霊的な恐怖を描いているのだ。水のマインドは〈無意識〉の淵にふれるのである。そう、霊が宿るのは無意識の深み、サブリミナルの中空だ。理性の眠りの向こうにひろがる薄明のア・トポス。あわいの時のなか、水の種族は霊の流れに浮かびただよう。

　こうしてひとを理性の〈果て〉に運び去る水の流れは、しかし、明白にトポグラフィックな方位を有している。その流れは、〈北〉のアクアティーク、太陽を遠く離れた北の流れなのだ。薄明に白くただよう銀の河は北から湧きいで、北に向かって流れてゆく。まさしく、モーパッサンの作品に流れる仄蒼い水がノルマンディーのそれであって、決して地中海の紺碧の青ではないように。

　そう、北のアクアティークは無意識にふれる。理性の知らぬ場所、蒼ざめたア・トポスに湧きいでてくる。こう言いながらわたしのこころのなかにひたひたと溢れてくる水、それはデュラスのあの海である。デュラスの〈声〉たちが棲むところ、それもまた水辺。太古の無意識が眠る無辺の海だ。そういえばデュラスもまたノルマンディーの海を愛してやまなかった。雲が空を走り、もろい陽のうつろいがたちまちに影をつくるノルマンディーの浜辺は、うるみがちな瞳のよう。沈む陽に、ものみなアモルフにうるみ、ソリッドな輪郭を無くして、ゆらゆらとゆれる。ノルマンディーはまことに北のプラージュである。その海の色は、涙の葬列のように蒼ざめたブルーだ。デュラスの遺した小品『書かれた海』[1]の一頁はまさにその〈蒼〉を語っている。


《すべては〈蒼〉になっている。蒼。かくもはげしく叫ばなければならない。蒼だ、と。

それは、〈地〉のもろもろの起源からやって来た蒼、知られざるコバルトからやって来た蒼。

この蒼をとめることなどできはしない、子どもたちの墓の蒼い埃の葬列を。ためいきがこみあげてくる。涙がこぼれる。誰もみな泣く。けれども、蒼はそこに在る。執拗に。子どもたちの蒼、空の蒼と同じように》。

その蒼い水の場所、北の海辺では、幾多の声たちが語りかわす。千年の昔の物語、はるかな、はるかな昔の知恵、記憶の薄明に眠る伝説を。その水の声の、えもいわれぬ懐かしさ。

……ええ、わたしは知っていたわ。千年の昔から、あなたたちの声を。何度も何度も聞いたことがあるわ。あなたたちの物語を。あるともないともつかぬ、記憶の語りを。あなたのその声は、わたしのなかに眠る千年の河に響いて来る。知らないのに、知っているわ。あなたたちのその声。はじめて聞くのに、かくも親しく、かくも懐かしく、しみとおってくる、愛の声……。

デュラスの作品の声たちは、いつもそんな不思議な懐かしさを喚起する。女から女へと語りつがれてゆく、千年の物語。それもまた銀の流れになって、歴史の白い夜をただようのだろう。わたしたちは、誰に教えられたわけでもないのに聡くその声に耳をすますのだ。そう、水のマインドは声を愛すのである。それは、〈聴く〉ということを知っている。そういえば、声の作家デュラスを「無意識に富んだ」作家と評したのはたしかフーコーだった。たしかにデュラスほど霊的な作家はいない。愛読書が旧約聖書だったのはまさにその証しだろう。

デュラスが愛してやまない無辺の海は、はるかなはるかな旧約の昔、千年の叡知が声になってざわめくところ、理性の果てでつぶやく声たちが聞こえてくるところだ。ところを得ずに溢れだしてくるもの、中心の支配を逃れてつぶやくもの、それらのアトピックな声のざわめきをデュラスほど見事に聴きとる作家はいないだろう。そのデュラスがそうであるように、聴くということは愛の身ぶりだ。聴くということ、それは、うなずくことであり、うべなうことであり、受容することだから。だからこそ、声の身ぶりは〈女〉の身ぶりなのだと思う。力は支配するけれど、声は聴く。聴きしたがいつつ、不条理を忍ぶ。聴く者は「待つ」のである。声は待ちのぞむのだ。自分たちの時の到来を。

その〈声の時〉なのだと思う。二十世紀が暮れなずむ、この世紀の薄明は。わたしがそんな思いを強くしたのは、もう一冊、声の書物に出会ったからである。これもまた北のアクアティークからたち現われて、女たちの〈声〉を語る書物だ。『女性たちのアイルランド』[2]と題されたその書は、ケルトの薄明にも似た優しい声でわたしたちに語りあかす。大英帝国と男性という二つの力の支配の下、女たちがいかにねじれた抑圧にたえてきたかを、威厳と力に満ちた「女王メーヴ」を誇るケルトの伝統にもかかわらず、ヴァナキュラーな野生の声は、アングロサクソン文化によって調教され、周辺に追いやられてきたのである。

そして、それにもまして女たちを内面から強く拘束してきたのは、カトリックの律法の支配だった。女たちは、「聖母」でありかつ「処女」であれと命じる矛盾した女性観に縛られて、われとわが肉体を失い、あの野生の〈声〉を失ったのだ。よき女でありたいと願う心が肉体を拘束して、欺瞞的な清純さを装わせるのである。あげくに、女たちは、水にざわめいていた、あの力強い野生の声を失う。

けれども、読者のわたしに聞こえてくるのは、そうした抑圧の時にあっても、記憶の流れの河になおも生き続けている昔日の声を語り起こす頁である。たとえば、ケルトの伝統の「通夜《ウェイク》」を語る箇所の鮮烈な印象はどうだろう。アイルランドの村々にあって「通夜」は重要な行事であり、人が死ぬと、村人たちはその家に集まって、夜を徹して死者を弔うという。そのとき《女たちは、〈キーニング〉と呼ばれる悲しみの声をあげる》。その嘆きの声を詩にうたったものが「ラメント」だが、女性詩人によるラメントの一つを紹介しながら、著者は言う。《残された者たちがいかに死者を愛していたかを、繰り返し、競うように歌い上げる。その言葉の群れこそが、まさしくキーニング（泣唱）なのであり、すすり泣く声として発せられる嘆きの歌が、集団の悲しみを癒す》のだ、と。

いちども聴いたことがないのに、わたしにはそのラメントの歌が聞こえてくるような気がする。うなるように響く女たちの嘆きの声の波がわたしの内部に届いてくるような――。

おそらく、水のマインドはわかるのだろう、女たちの声の響きが。声はしみとおって魂の深みにふれるから。嘆きの河はわたしたちを理性の彼方に運んでゆくのだ。だからこそ声の河は人びとを癒すのである。こうしたキーニングの「癒し」は、移民を送り出す歓送会にも生きているという。《出て行く者の心も、置き去りにされる者の心も、音楽によってつながれ、癒される。やはり問題は〈魂〉なのである》。

読み終えて、水のケルトは声の地だと思う。アクアティークな声の流れの湧きいでる地だ、と。

いや、そう思うことじたいが、この女性著者の語りのわざの巧みのせいなのかもしれない。わたしの耳は、あなたの声にうながされて、あなたの語りに耳をすまし、いつしかそこに共振してゆく。まだ見ぬケルト、行ったこともないアイルランドなのに、なぜにかくも懐かしいのか。きっと、わたしたち女はみな〈水の種族〉。嘆きのときに涙して、理性の果てにでるわたしたち女は、はるかな記憶のなかの姉妹たち。

そう、これはまさしく「声の力」なのだと思う。ケルトブームといわれながら、いっこうに関心が向かないわたしが、なにかに呼ばれるようにこの書物を開いて、そこに聴き入ったのは。ケルトには、「声を通した言霊の伝達者」、フィラの伝統があると言われるが、わたしのこころにふれたのはきっとこのフィラの声にちがいない。

というより、わたしがふれたのは、「異国のフィラ」と化した著者の声そのものなのだろう。著者は、詩人からロックシンガーまで、現代のフィラとして「声」をあげているアイルランドの女たちの声に耳をすまし、日本語という異国語でそれを伝えようとする。いわばここで著者は、ケルトの女たちの声に寄りそうもうひとつの「声」となっているのである。著者のこの水の声がわたしのこころに響いて来るのにちがいない（といって本書は、いわゆるムード的な「ケルトもの」とはおよそ遠く、ポスト・コロニアルなアイルランドの現状をきめ細かく取材しつつ、女性大統領の誕生から離婚の自由の獲得まで、フェミニストたちの闘いを伝える女性論でもある）。

けれども、わたしのこころの水に響いてきたのは、くりかえしになるけれど、やはり、はるかな昔の記憶の声、あの北の蒼の声なのだ。著者はこう記している。この本を読んで共鳴する読者がいてくれたとすれば、きっとそれは《本書を通して〈ケルトの母〉の呼びかける声が、あなたの魂に届いたからだろう》と。

ケルトの母？　そうかもしれない。けれど、声の故郷はいつもア・トポス。わたしの耳に聞こえて来るのは、理性の周辺に立ちさわぐすべての声。あの無辺の海のざわめき。蒼い霊の流れがたちのぼる水辺のすべての声。千年の昔からの。

その声の海に溺れながら、わたしの魂もまた無辺の海の滴になる。ところを得ずに溢れでる声のひとつ、デュラスのあのざわめきの海の滴に――。

注

（1）Marguerite Duras, *La Mer écrite*, (photographies: Hélène Bamberger), Marval, 1996.
（2）大野光子『女性たちのアイルランド』平凡社、一九九八年。

モードの名前

いつか固有名論を書いてみたいと夢見ている。ものの名でもひとの名でも、「名」には一種魔術的な力があって、いつもわたしの心をそそるからだ。

ところで最近、思わぬところでこの固有名の魔術を味わった。マラルメの『最新流行』である。モード論への関心から、これまでにもこのテクストは読んでいたし、何度か本に引用してもいたが、モードはともかく、固有名をめぐる発見をしようとは思わなかった。

やはり翻訳の素晴らしさのおかげだろう。清水徹・與謝野文子・渡辺守章の豪華な翻訳陣による見事な訳とともに、それじたいが一個のマラルメ研究と言うべき詳細な註を別冊仕立てにして、『マラルメ全集』第三巻が刊行された。七百頁をこえる翻訳のトップに『最新流行』がおさめられている。本邦初訳である。一気に全頁読み通し、別冊の註もほとんどすべてに目を通した。

そして、発見したのである。『最新流行』に使われている固有名詞の一種不思議なマジックを。

ひとつには、このモード雑誌が大衆向けのメディアだということに関連している。そう、大衆メディア。あるいは、もっと言うなら、通俗メディア。そんなふうに思わせるのは、ほかでもない、『最新流行』の固有名詞の使い方である。たとえば、場所の名。《幾日か、昼下がりから目抜き通りやリュ・ド・ラ・ペやパレ・ロワイヤルを散歩してみましょう》。そうすれば、「《世界で作られているもっとも優れたものをすべて》知りつくすのに十分です」と詩人はいう。マラルメは、モード都市パリのなかでもひときわ〈シック〉をきわめるファッショナブルな場所の名を誌面にちりばめているのである。そのレトリックは、現在の女性雑誌のそれと少しも違っていない。

そして、場所の名というなら、当時の有閑階級のトレンドになり始めていた海辺のリゾート地の名もその典型だ。『最新流行』は、新刊書から演劇案内から旅行ガイドまで、各種イベント情報をのせた案内欄「半月間の催し物情報とプログラム」を設けているが、旅行案内の項には、ディエップ、トゥルーヴィル＝ドーヴィルなどなど、「ノルマンディーのすべてのファッショナブルな海岸地帯」の名がずらりとならんでいる。マラルメは、一八七四年当時の〈いま〉にときめき、まさに「最新流行」となったきらびやかな地名をちりばめて、モード雑誌をモードたらしめているのである。

そのことは、もちろん人名についても同様だ。たとえば、オートクチュールの創始者ヴォルトの名。美の「天才魔術師」、「かの偉大なヴォルト」とマラルメはいう。読者であるわたしたちは、そのヴォルトの名ひとつで、漫然と読んでいた頁を、その箇所だけもういちどあらためて読み返す。ヴォルトという名のアウラがそうさせるのである。

そう、名のアウラ。メディアにあってそれは、とりもなおさず知名度であり、有名性にほかならないが、この点で興味深いのは誌面の広告である。ことに『最新流行』のそれは「名刺広告」というスタイルをとっているからなおさら面白い。名刺広告というのは、商品の図像イメージなど一切使わず、店名と商品とアドレスだけを、まさに名刺のスタイルで掲載する広告である。たとえば洋品店ドゥセーの広告はつぎのとおり。

パリでもっとも伝統ある店
ドゥセー店
婚礼支度の品・赤ちゃん服
高級ランジェリー専門
リュ・ド・ラ・ペ二一番地

『最新流行』は、毎号こうした名刺広告を一〇店から一二店ほど掲載しているが、それらのなかからドゥセーのそれを引用したのは、まさにその知名度が高いからである。それというのも、このドゥセーは、二十世紀になって盛名をはせるあの服飾デザイナー、ドゥセーの先代なのだ。それを知っているわたしは、目ざとくその「名」に目をとめる。ヴォルトがそうであるように、ドゥセーもまた、その名が想起させる〈物語〉のさんざめきによって、モード記事に匹敵する何かを語っているのである。ブランドがそうであるように、いまにときめいて輝き立った〈きらめきの記憶〉をそれらの名はわたしたちに語りかけている。

逆に、それらの名をとおして、当時の「最新流行」のときめきの記憶を呼びさますのも、このテクストの愉しみのひとつである。たとえば、オッフェンバック。先にあげた「半月間の催し物とプログラム」欄は演劇情報も実に豊富だが、ずらりならんだそれらの演目のなかで、わたしの目に飛びこんでくるのは、オッフェンバックのオペレッタ『地獄のオルフェ』再演の記事だ。その名にふれるだけで、あのフレンチ・カンカンのリズムがたち騒ぎ、色恋に浮かれたパリジャンたちの夜の歓楽のざわめきが聞こえてくる。同じオッフェンバックの『パリ生活』の名もまた、第二帝政期の消費都市パリの浮かれ気分をありありといまに蘇らせる。

あるいは、ジュール・ヴェルヌの『八十日間世界一周』。芝居の大ヒットの記事からは、世界観光の夢に酔いしれた世紀末パリの大衆の熱狂が伝わってくる……。

そう、それらの固有名は、到来した消費社会の浮薄な「浮かれ気分」をわたしたちに語り伝えているのである。確かにそれらは実名に違いなく、虚構ではありえないのだが、にもかかわらず、ここで問題なのは事実性ではない。重要なもの、それは、それらの名がかもしだす都市の祝祭感覚にほかならないのだ。

要するにそれらの固有名は——ブランドがまさにそうであるように——事実性をこえて、きらびやかなときめきの〈伝説〉を語る記号と化しているのである。最新流行の輝きをおびて、キラキラと「時」に浮遊するものたちの不思議なアウラ……。それらの名には、そうした不可思議な虚のアウラがまとわりついている。

言いかえるなら、つまりそれらの名はモードと化しているのである。それらは、「流行」というフィクショナルな時の律動の刻印をおびて、事実性から別のところ、在らぬ虚空へと浮遊しているのだ。事実でありながらもはや事実の次元に属さず、実名でありながら実在性から遊離して、〈虚〉の次元へと横滑りしている不思議な名前たち——それらは、キラキラと〈無のきらめき〉を放ちながら、魔術的な力によってわたしたちの心を惑わせる。

こうしてフェティッシュな魔力をおびた幾多の固有名のなかでも、最高度のアウラを発揮している名、それが「パリ」であるのはいうまでもないだろう。ゆくりなくマラルメは語っている。「世界を要約する」パリ、「優雅なものすべての光源」パリ、と。パリはその魔的なアウラによって、一切のものにモードの光輝を貸しあたえ、まがいの宝石にも似た不思議な光沢で輝き立たせてしまう。

こうして名のフェティッシュを駆使しながら、『最新流行』というこのメディアが綴っているのは、要するにパリという消費都市の夢の祝祭の物語にほかならない。時の表層に華やいできらめくものの名を列挙しながら、読者をあらぬ場に運び去って夢見させること――何を語っても、何にふれても、このテクストが語っているのはこうした「夢」物語以外のものではない。『最新流行』のマラルメは、パリという消費都市の空を覆う〈無のきらめき〉を見事に言語に映しとっているのである。あたかも、不在の宝石を彫琢するように。

そうだとすれば、この浮薄なメディアは、〈虚無〉の詩人マラルメにいかにも似つかわしいテクストだと言うべきではなかろうか。モードにあって実在の世界はすべて空無と化し、その空虚のなか、ありともつかぬ〈無のきらめき〉がわたしたちの心をそそり、惑わせてやまないのだから……。「天才魔術師」ヴォルトとマラルメは言った。けれども、ヴォルトにもまして魔術師であるのは、実はマラルメそのひとなのだ。

しかもそのうえ、魔術というなら、彼マラルメは、自分の名についても同様のマジックを弄している。それというのもマラルメは、さまざまな「変名」を装いつつ、幾多の記事を書きわけているからだ。おそらく詩人は、まるで「衣装」を着替えるように、名を脱ぎ変えたのではなかろうか――実在の世界から浮遊して、在らぬ世界の住人となるために。こうした変名の言語遊戯もまた、モードというこの〈虚の祝祭〉にいかにもふさわしい〈レ〉トリックと言うべきだろう。

実の名から離れて虚の名と戯れる――なんとマラルメらしい遊戯だろうか。『最新流行』はつまるところ、〈モードの名前〉をちりばめた美しい虚のテクストなのだ。そうではないだろうか。

ヴェネツィアふたたび

またふたたび、フォルチュニーとヴェネツィアに出会った。

映画にはうとい私だが、試写会の招待状をもらって、『鳩の翼』をみたのだ。パンフレットにあるあでやかなフォルチュニーふうの衣装に胸をつかれ、どきどきしながらフィルムをみた。

そして、衣装の豪奢な乱舞に圧倒された。ヴェネツィアを舞台に、ひとつひとつコマをとめてうち眺めたいような華麗な衣装の数々が惜しげなく画面を飾る。そんな衣装に負けず劣らず俳優の演技もいい。クローズアップされる顔はどれもみな、言葉にならない心の葛藤をしのばせて、暗い企みを語り、揺れ動く心理の襞を伝えてあますところがない。せりふがひどく少ないだけに、表情のひとつひとつが心理の複雑さを語りだす。妙なたとえだが、ニュアンスという語を辞書でひくと、「陰影に富んだ」というなじまない訳語が載っているけれど、『鳩の翼』の俳優たちは、まさに「陰影に富んだ」表情のドラマをスリリングに演じていた。

けれども、私が語りたいのはもちろん映画評ではない。ヘンリー・ジェイムズの原作、『鳩の翼』

の小説世界である。プルーストとほぼ同時代人であり、ヴェネツィアを愛したこの作家の長編をずっと気にしていたのだが、おかげで一気に読了した。文庫版にして上下二巻。長大な頁にわたって繰り広げられる虚々実々の心理劇を、時を忘れて読みふけった。やはりヴェネツィアという水都の特権性が鮮やかだった。ヨーロッパの〈夢の浮き島〉であるヴェネツィアは、ひとの心を溺れさせて、いつしか死の運命に運んでゆく。たしかにこの小説は、もうひとつの『ヴェニスに死す』なのである。

《滅びゆく運命が常に印象づけられるヴェネツィアの特権的な美しさに人はひきつけられる……。最も美しい瞬間はとうに去った。その次に美しい瞬間は、ああ、目の前をすぎていく……》。（「覚え書き」）

花の若さで不治の病に冒され、死の影におびえながら激しく生きたいと願う娘ミリーが最後の場所に選ぶのがヴェネツィアなのである。巨万の遺産をもつ彼女がアメリカ娘だという設定も新旧の両世界にまたがるヘンリー・ジェイムズならではの筋立てであり、彼女の登場によって、小説最大のテーマのひとつである金の力が巧みに導入される。ヴェネツィアとは過剰な富が消費されるところ、「蕩尽」の都なのだ。ミリーが死をむかえる宮殿《パラッツォ》の夢のような豪華さは、ヴェネツィアの中のヴェネツィアのような美しい効果をあげている。

それにしても、小説を読んでまず驚いたのは、映画であれほど目を奪った衣装がいっさい登場しないことである。ここにはフォルチュニーの水の衣装もロンドンの社交界ファッションも何ひとつ描かれていない。そもそも人物の衣装の描写が不在なのだ。

いや、正確に言えば、ひとつだけ服装の描写がある。いつも地味な黒服に身をつつんだミリーが、ヴェネツィアで過ごすある日、純白の衣装を身につける場面である。まぶしく輝くドレスの白は映画でも際立っていたが、小説では全編で唯一の服装描写であるだけに、鮮烈な輝きを放っている。装身具の象徴性まで描きこまれた見事なディテールを引用しよう。

純白の装いをこらしたミリーは、その日の夜会で「別人のように若々しくて美しく」、宮殿の「王女」の品位に輝いている。死にゆくオフェーリアである彼女はまさに純白の天使であり、この世ならぬ空を翔ぶ〈鳩〉なのだ。しかもそのときミリーは、真珠の首飾りをつけている。「長い高価な首飾りは首を二巻きにして、なお重く清らかにミリーの胸に垂れていた」。王女の気品をひきたてるその首飾りを、ヒロインのケイトはじっと見つめている。ある雄弁なまなざしをして――ケイトのその強いまなざしは、そばにいる男を驚かす。明らかにそれは激しい羨望のまなざしなのだ。「あの真珠の首飾りは一分のすきもなくミリーに似合っているわ」とケイトは言う。《「真珠には魔法のような魅力があって、だれにでも似合うのよ」。「あなたは特別似合うでしょうね」とデンシャーは正直に答えた。「きっと似合います。わたし、自分でもそう思います」》。

短いが実に印象的なこの一節は、『鳩の翼』の世界のエッセンスをよく伝えている。ミリーがはかない天使性を表わしているとすれば、ケイトはひとの欲望を下方にひきずりおろす強烈な魔性を表わしている。同時にまた、真珠をつけたミリーは二十世紀のアメリカの「富」を表わし、輝くばかりの美貌を誇りながら真珠のないケイトは、同じ世紀のイギリスの没落を表わしている。その二人の女のあいだを男は揺れ動くのだが、三人のもつれた絆にふれるのはあとにしよう。ここで言いたいのは、小説にほとんど服装の描写がないことだ。映画がまばゆい衣装劇《コスプレ》であるだけに、そのコントラストはいやがうえにも印象に残る。

さらに、映画と原作の違いは衣装にかぎらない。映画がせりふの少ない沈黙劇であるのと対象的に、小説はむしろ饒舌な「せりふ劇」なのである。長大な頁を人物たちの果てしないディスクールが埋めつくしているのだ。そして――これこそヘンリー・ジェイムズの才能のありかなのだが――にもかかわらず、そのディスクールはつねに「仮面」でしかないのである。そこでは男も女も、自分を語るためではなく、自分を隠し装うために言葉を操り続ける。この意味で『鳩の翼』は『失われた時を求めて』にも似た社交界小説そのものだ。ひとはそこでにこやかな微笑みを交わしながら、相手の言葉の仮面の下に隠された本心を読み、眼の表情に現われた「無意識の色」を読み続けなければならない。したがって読者は決して人物の真実をストレートに知ることはできないのである。わたしたちはつねにある登場人物の「推量」をとおして、別の人物の内面をうかがい知るのだ。

推理小説にも似たこのせりふ劇をとおして、小説はめくるめく「鏡の乱反射」の世界を繰り広げてゆく。ある人間の真実は、つねに他人の「眼」をとおしてしか描かれず、しかも鏡の役割を果たすその人物の「眼」は、小説世界の展開とともにさまざまな変化をたどってゆく。読みながら読者は鏡の迷宮にひきずり込まれ、現実がじかに見えないもどかしさにかられつつも、その仮面劇に魅了されて次から次へと頁をめくってゆく。この小説は、衣装の描写ひとつないくせに、言語の力で錯綜した「鏡のドラマ」をかたちづくってゆくのであり、小説という言語芸術の力業を改めてまざまざと思いしらせてくれる。

といってそれは、映画が原作に劣るという意味ではない。たとえば『王妃マルゴ』がそうだったように、文芸作品の映画化はたいてい失望させられることが多いが、『鳩の翼』はそれぞれが優れた作品である稀な幸運の一例だろう。映画は贅を凝らした視覚表現で成功し、小説はいま述べたとおり、仮面の心理劇によって人間の意識の曖昧さと謎をたたえながら読者の心に深い余韻を残す。

むしろ私がここで語りたい両者の差異は、出来映えの優劣ではなく、もつれあったドラマのゆくえ、つまり作品の結末そのものである。というのも、映画は原作の結末に大きな変更を加えているからだ。野心家のケイトは「真珠」を手にしたいと願い、恋人にミリーを誘惑するようにそそのかす。美しく生まれついた彼女は、恋だけでは足りず、金の力によってロンドン社交界に輝き立ちたいのだ。そうして「すべて」を望んだ彼女はしかし、ヴェネツィアに残した二人に嫉妬を感じ、はからずもわれとわが策略に足をすくわれてしまう。ラストシーン、恋の欲望に身を焦がし、全裸の身を恋人にさしだす彼女は、すべてを得るはずだったのに、ほとんどすべてを失っている。「ねぇ、誓って。ミリーの面影を愛していない、と」。そういう彼女に男は黙って答えない……。

こうして原作を変え、ラストシーンを大胆なベッドシーンにすることによって、たしかに映画はイギリス的な「慎み」を脱ぎ捨て、「金とセックスとヴェネツィア」とでも名づけたいようなユニークな現代性を獲得しているかもしれない。

けれども私は、原作のケイトの大胆さもこれに劣らず現代的だと思うのだ。彼女は、映画ではすべてを失うかに見えるが、小説では二つにひとつの選択を強いられる。そしてそのとき、彼女は、巧妙に、しかもきっぱりと選ぶのである。ミリーの遺産を受け取らずに貧しいままの男と結ばれるか、それとも彼のその願いを退けて、遺産だけを取るか。デンシャーに「金か男か」の選択をさしだされたケイトはたじろぐことなく男を捨てて金を選ぶ。しかも、そのケイトのせりふが、この長大な心理劇の幕を閉じる、小説最後の言葉なのである。ミリーが贈った遺産がどれほどの巨額なのか、そして彼女はいったい二人を許したのか、などなど、〈鳩〉の愛の真実はいっさい遠ざけられたまま続けられる、二人のあいだの虚々実々のせりふ劇の最後の結末――。

《じっと口を閉じたまま最後まで彼女に耳を傾けた彼は、じっと彼女の顔を見守ったきり、身動きしなかった。それから、彼は一言だけいった。――「いいですか、ぼくはすぐにでもあなたと結婚したいのです」

「昔のままで？」

「昔のままで」

しかし彼女は扉の方を向いた。そしてこの時彼女の横に振った顔が別れだった。「わたしたち、昔のわたしたちには決して戻れないのです！」》

男を捨てて、金を選ぶ女。このとき女にとって金とは「自由」のことだ。男に頼らずに社会的成功を手にするための。小説ラストにその強さを鮮やかに際立たせる、この大胆不敵なケイトは十分に二十世紀的であり、現代の女たちの系譜の始まりではないだろうか？

そして、そのケイトに捨てられるデンシャーは、現代の男、というより、永遠のアダムではないだろうか？　それというのも『鳩の翼』で興味深いのは、ヴェネツィアの水に揺られて定めなく移ろい、水に流されてゆく「弱さ」を、男が表わしているということなのだ。現実の凝視を逃げて決着をひきのばし、ゆらゆらと〈水の夢〉にひたろうとするのは女ではなく男なのだ……。

おそらく、それもまた男性作家ヘンリー・ジェイムズの洞察の深さなのだろう。女はいつしか男を捨てる。けれども、男はいつまでも女を求め続けてやまない。そう、ヴェニスに死すのは男、水の夢を紡ぎ続けるのも男。女は、その男を振り捨てて現実という陸地をさっさとひとりで歩きはじめる——なんという甘美にして残酷なヴェネツィアなのだろう。

（『武蔵野美術』一〇四〜一一一号、一九九七年四月〜一九九九年二月）

2
古典再訪

ベンヤミンの断片――拾い読みこそ正道

本は女と思って選べ。

そう言ったのはヴァルター・ベンヤミンである。「本と娼婦は、ベッドに引っぱりこむことができる」。

そういえばツルピカ新刊の女たちの並ぶ「ひら積み」台など、あられもない品のなさ。ごていねいに腰巻までしてる。

いやしくも「半歩遅れ」の達人は、こんな露骨な客寄せには冷ややかな一瞥を投げるのみ。ゆかしくも奥まった棚に足を運ぶ。そこにいるのは、立ち姿の「後ろ美人」たち。「本と娼婦は、陳列のときには、背中を見せることを好む」。

その女たちを、ベンヤミンはパリの街角やパサージュでひやかしていた。ジャズに浮かれる一九二〇年代のパリ、この異郷者が愛したのは、そんな時の喧騒に忘れられたかのような、些細な歴史の痕跡の数々。カフェの片隅や広告など、大文字の歴史からこぼれ落ちた記憶の断片。

そう、遊歩者ベンヤミンは「断片」の人である。書物は断片を紡いだ織物なのだ。わが偏愛の『一方通行路』は、なかでも選り抜きの寸言を集めた掌篇である。他の作品と共にちくま学芸文庫におさめられている（浅井健二郎編訳『ベンヤミン・コレクション3』一九九七年）。気がむくままに、好きなところだけ読む。拾い読みこそ「愛読」の正道なのである。

あるとき、こんな寸言が目にとびこんできた。「批評家にとっては、同業者たちこそが上級審である。公衆ではない。ましてや後世ではない」。ちょうど新聞書評を読んだ直後だったので、いたく心に響いた。まさしく後世のための書評などありえない。批評は「著者の面前で、裁きを行なう」のだ。

こうして読むたびワンダーに襲われつつ、そのまま長く忘れてしまう。だが、いちど抱かれた本は、「私はここよ」と呼びかけてくる。その声を聞く聡い耳さえあれば、めくるたび、思いもかけぬ切片が浮上してくる。そのおののき。

まだケータイのない昔、街を歩いていて、その「ささやき」を聞いたことがあった。胸騒がせて家にもどると、靴を脱ぐのももどかしく頁をめくった。あった。あった！

電話は「私の双子の兄弟だった」。

ゆるして。あなたを忘れていたなんて——思わず私はその場にくずおれた。「声」を語る本を書き、電話を論じながら、何とベンヤミンを忘れてしまったのである……。

それにしても「双子の兄弟」という言葉は今日のケータイ文化を何と見事に予言していることか。

電話は「魂の兄弟」。断片は、まっすぐ魂を射抜くのである。

鉄幹と晶子の歌——夫婦のミステリーを読む

「わが妻は言ふこともなく尊かり片時にしてきげん直りぬ」。

誰の歌だとお思いだろう。与謝野鉄幹である。「天才歌人」与謝野晶子もふつうの妻だったのだなあと、ほほえましい。ちょっとしたことで「きげん」が変わる、わたしたち女と少しもちがっていない。

鉄幹と晶子の歌集を、「夫婦物語」として読んでみると、新鮮な発見があって面白い。『与謝野晶子歌集』は岩波文庫（一九四三年）、『与謝野鉄幹歌集』は短歌新聞社（九三年）、どちらも文庫で読める今がチャンスである。

夫の側の一首。「わが妻は藤いろごろも直雨《ひたあめ》に濡れて帰り来《く》その姿よし」。笑みくずれる妻の顔が浮かんでくるようだ。いい夫婦だなあ。

だが、ちょっと待てよ。

ということは、鉄幹は妻のきげんにたいそう敏感だったということだ。

そりゃそうだろう。彼こそは名高い「不倫の夫」。やましいところがあったのだ。

胸を病んで逝った山川登美子と、師鉄幹と、妻晶子との三角関係は文学史上に名高い。おとめは愛を捧げつくして天に咲いた。晶子は嫉妬と友情に心裂かれて苦しむ。この間の事情はさまざまな本が語るところ。けれど、それではつまらないと思うのだ。既製品よりオーダーメイドの方がはるかに面白い。二人の歌集を読みあわせ、想像をたくましくして自分の推理を試みるのである。複雑な心理の綾にわけいってゆく愉しさ。

たとえば、ある日の鉄幹の歌。「花薔薇《そうび》しなへて微《ほの》に息づきぬむかしの人のくちづけの香に」。しなへた薔薇は病める薔薇。想いは昔の時のしのびやかな口づけの香にむかう。

おそらく、薔薇は与謝野宅に植えられていたか、切花として部屋に活けられていたかのどちらかである。晶子の歌にこうあるからだ。「さうび散る君恋ふる人やまいしてひそかに知りぬ死の趣を」。死の床にある女のはかなさが夫の恋情に火をそそぐ。華やかな才を世間に取りざたされる自分には、ついぞ「散る花」の趣はない……。

夫も妻もそれぞれの想いにふけりながら、表だって口に出そうとはしない。苦い沈黙がたれこめている。その沈黙を破るように、ひたと哀願する夫の歌はどうだろう。「ねがはくは迷ひてさめぬ凡心《ぼんしん》のわれをゆるして恋に朽ちしめ」。

自分だったら何と答えるだろうか。晶子はいったいどう答えたのだろう――考えこんでいると、いつしか白い月がのぼっている。男と女の永遠の謎を照らしているのである。

うらぶれの系譜——背中ににじむ哀感に色気

本も男も、「うらぶれ」がいいと思う。ことに男は。思い屈して、背中に哀感がにじむ。その姿やよし。功成り名遂げた男などツルピカ新刊と同じで、少しも色気を感じない。うらぶれこそ半歩遅れの魅力の極みではないだろうか。

系譜の始まりは、あの与謝野鉄幹である。「地におちて大学に入らず聖書よまず世ゆえ恋ゆえうらぶれし男」。この苦労人は黄昏《たそがれ》の男だったのだ。「高光る日のいきほひに思へども心は早く黄昏を知る」。

いや、黄昏色に沈む心は鉄幹だけのものではない。彼が仕切った雑誌『明星』もハイブロウな鈍色の詩情に染まっていた。上田敏の訳詩が典型である。たとえばヴェルレーヌ。「げにわれは／うらぶれて／ここかしこ／さだめなく／とび散らふ／落葉かな」。

上田敏の訳したフランス象徴詩は「水」の文学である。その詩はみな水の魂の雫《しずく》に濡れている。暗く濡れそぼつ、うらぶれ魂——そう言えば、おのずと折口信夫『死者の書』（中公文庫、一九七四年）

に心がむかう。冒頭にしたたる、あの忘れじの黄泉の水音。

「した　した　した」。

折口が鉄幹を激賞したのもわかろうというものだ。二人ともうらぶれの水の系譜をひいているのである。

この系譜を現在に継ぐ作家といえば、まちがいなく松浦寿輝だろう。彼の主人公はいつもうらぶれた中年男だ。ことに『半島』（文藝春秋、二〇〇四年）は装丁からしてしぶい。褪せた茶を使って古色をだしているばかりか、反時代的贅沢ともいうべき箱入本である。

取りだして本をひらくと、いつものように、ふらりと旅に出た男があてどなく彷徨っている。これといった理由もないまま、おそらく身を「要なきもの」にしたい潜在願望にかられて職場をやめた男が徘徊するのは、ありともつかぬ半＝場所、半ば夢の土地だ。

ゆらゆらと、男は夢と現《うつつ》のあわいを漂流してゆく。行く手はいつも雨。「あれは八重山諸島のどこかだったか、それとも壱岐や対馬の方だったか、頭上には暮れかけた曇天が広がっていて……」。路上で見かけた薄汚れた野良犬の背を撫でているうち、しだいに空が暗くなり、ぽつりぽつりと雨が落ちてくる。

雨は「うらぶれ」の衣のようにその身を濡らす。ネクタイの桎梏《しっこく》を捨てた男たちに降りそそぐ祝祭の水。

祝祭と言うのは、「勝ち組」の男などつまらないと思う私の偏見ゆえである。げに男はひそかにうらぶれるべし。老いゆくその手に古びた本をたずさえて。

硬派本の愉しみ――神は細部に宿る

ときには難解な理論書を読むのも愉しい。このとき大切なのは、解説書やチャート本の類を読まないことだ。ただし翻訳書の場合は特にそうだが、よく書かれた訳者解説があれば大変ありがたい。アバウトな道案内をしてもらったうえで、いったんそれを忘れ、虚心に本文と向かいあう。

そうすると、おのずと本の方が呼んでくれる。問題意識「のようなもの」があれば、そのセンサーが頁を追ってゆく。そして出会った頁には、思いもかけぬ文章が……。

先日もソースティン・ヴェブレン『有閑階級の理論』(高哲男訳、ちくま学芸文庫、一九九八年〔増補新訂版、講談社学術文庫、二〇一五年〕)で、そんな体験をした。ブランド論を書こうとして、「みせびらかし的消費」論で名高いこの書をひもといたのである。難渋な文章の行間にどこかの国の金ピカ成金の顔が浮かんできて痛快だった。「価値の高い財の顕示的消費は、有閑紳士が名声を獲得するための手段である」。虚栄ゲームを語るこのキー・フレーズなど、ヒルズ族を思わせて胸がすく。

消費といえば、八〇年代にはボードリヤールの消費社会論がずいぶん読まれたが、一億総中流幻想が消えた格差社会では、差異化ゲーム論より虚栄ゲーム論の方がリアリティがあると思う。

だが私が出会ったのは、そんな有名な箇所でなく、もしかしたら読み落としてしまいそうな短い一節。手労働を語る箇所だった。「手労働のほうがより浪費的な生産方法である」。その方が「金銭的な名声という目的によりよく役に立つ」からであり、かつ手労働の方が「対応する機械製品よりも品質において高く格づけされるからである」。

私ははたと目から鱗の思いだった。あのエルメスがなぜあんなに高いのか、そして高いにもかかわらずなぜあんなに売れるのか、スパっとわかったのである。大量生産の規格品に飽きた日本人は、待ってでもハンドメイドのバッグを買って卓越性をひけらかしたいのだ。どのマーケティング論を読んでも頭に入らなかったことが、一挙にのみこめた。これだから理論書はこたえられない。そういえば訳者解説も言っている――ガルブレイスいわく、「ヴェブレンを理解するためには、ゆっくり読まなければならない」。

全部でなくてもよい、ここという箇所にきたら深く読む。概説書には決してない「必殺の断片」があなたを襲うことだろう。神は細部に宿るのである。

（「半歩遅れの読書術」『日本経済新聞』二〇〇六年十一月五日〜十一月二十六日）

アルセーヌ・ルパンの3冊

『奇巌城』（モーリス・ルブラン、石川湧訳、創元推理文庫、一九六五年（初版））
『黄金仮面』（江戸川乱歩、創元推理文庫、一九九三年）
『モネ展』（石橋財団ブリヂストン美術館・名古屋市美術館、中日新聞社、一九九四年）

ルパンは何といっても『奇巌城』。江戸川乱歩の『黄金仮面』はその奇巌城そのままで、乱歩のパロディ感覚に脱帽させられる。盗みだす美術品は国宝級、恋する相手は富豪令嬢、犯行の予告癖も派手な宣伝癖もそっくりそのままだ。

このダンディな紳士ルパンはベルエポックの申し子。同時代人のプルーストと同じく、先端ハイテクのエレベーターを愛好し、流行の自動車を乗り回す。それもそのはず、お尋ね者ルパンは「旅行者」である。乱歩が東京の遊歩者なのにくらべ、ルパンが出没するのは海浜リゾート、なかでも作者ルブランの故郷ノルマンディーはルパンの聖地だ。パリをセーヌ沿いに北上するとエトルタの断崖に出るが、『奇巌城』はこの地誌が鍵を握っている。そんな「ルパンの地誌学」に親しむと、意外にも印象派とクロスする。印象派描くセーヌ河畔はトレンディな行楽地だが、これが鉄道の発達と共にノルマンディーの海辺に延びてゆくからだ。

つまり、ルパンものは観光小説でもあるのである。事実、当時のエトルタは一級のリゾート地。モネにも、晴れわたる青空にそびえる奇巌を「絵ハガキ」のように描いた一枚がある。ところが、ふつう印象派の本にはそんなことなど何も書いていない。と思っていたところへ、あっと驚くモネ展にゆきあたった。評判高い美術評論家タッカーの解説は、流行風俗にコミットして抜群の面白さ。件の絵のコメントにも、「エトルタの旅行代理店にとってポスターにうってつけの光景だ」とある。

溜飲が下がるとはまさにこれだが、乱歩はちゃんとこれをわかっているのがまたすごい。というのも、明智の脳裏にあの「大仏」が閃くのは、旅行代理店の観光ポスターを見ながらなのだ。乱歩の勘には唸るばかり。怪盗と観光と印象派——こんな三題噺でルパンを読むと、推理小説を地でゆく愉しみがある。

（「この人・この3冊」『毎日新聞』二〇〇三年十二月二十八日）

デフォー『ロビンソン・クルーソー』

一七一九年、デフォーによって書かれた『ロビンソン・クルーソーの生涯と驚くべき冒険』は「ブルジョワジーの小説」として名高い。

実際、ロビンソンを海の冒険に誘うのは「一足とびに出世しようとする」上昇欲望である。平凡で堅実な将来を説く父に背き、父を乗り越えて先に進むこと、それがこの青年をつき動かしている欲望だ。この意味でロビンソンはその後に続く「父殺し」たち——無数の出世主義者——の祖にほかならない。

こうして父に反逆し、無人島という夢の島に漂着したロビンソンは、島の支配者となり王となる。その王国を支えるのはたゆまぬ労働だ。『ロビンソン・クルーソー』とともに初めて「労働」が文学の主題になったのである。この小説が祖国イギリスをはじめ世界中の新興ブルジョワジーの圧倒的支持を得てベストセラーとなったゆえんである。勤勉によって王様に成り上がるロビンソンは、生まれの特権によってではなく才能と努力によって栄達をはたすデモクラシーのヒーローなのだ。

しかも、このブルジョワ小説はまた、小説という新興ジャンルの祖でもある。数ある文芸ジャャンルのうち、詩歌や演劇が貴族文化をになう「由緒ある」ジャンルであるのにくらべ、伝統のない新しいジャンルである小説は、いわば成り上がりのジャンルであり、それじたい文学史上の「私生児」だからだ。『ロビンソン・クルーソー』はこの意味でメタ小説であるともいえる。

それにしても、ロビンソンというこの「単身者」は生きるのに少しも女（母）を必要としない。彼は海から生まれ、息子のフライデーもまた海から授かる。資本主義の勤勉の島は、女をしめだした「男の帝国」なのだ。この長大な冒険小説が実に「女っけのない」小説であるという事実は、勃興期の資本主義がいかに男性中心の社会であり、その申し子たる小説がいかにマッチョなジャンルであるのか、あらためて教えてくれる。

（平井正穂訳、岩波文庫、改版二〇一二年／鈴木建三訳、集英社文庫、一九九五年）

（『千年紀のベスト100作品を選ぶ』丸谷才一・三浦雅士・鹿島茂選、講談社、二〇〇一年）

Ⅱ　書物に抱かれて

モニエ書店「ロマンティック叢書」ポスター
（ウジェーヌ・グラッセ、一八八七年）

1 文学・思想

文学との緊密なかかわり浮彫り

ジャン＝マリ・トマソー
『メロドラマ――フランスの大衆文化』

可憐な乙女が次から次へといわれなき迫害にあって数々の不幸を耐えしのぶ。乙女に迫害をくわだてる憎々しい悪玉は、しかし最後に必ず滅びてめでたく美徳が勝利をおさめる――こうした勧懲悪の筋だての演劇が、十九世紀いっぱい大衆の感涙を呼び熱狂させた。十九世紀はメロドラマが誕生し、大繁盛をみた時代である。「犯罪大通り」ことタンプル通りの劇場につめかけた観客の熱狂ぶりは、映画「天井桟敷」でつとに名高い。にもかかわらず、このメロドラマなるジャンルがいつどのように生まれ、どのようにして大衆の心をつかんだのか、演劇史にしろ文学史にしろ、それをきちんと論じた本はきわめて少ない。このメロドラマにスポットをあて、その文化的意味を論じたのが本書である。

といっても、メロドラマという大衆文化の政治学が大上段に論じられているわけではない。むしろ本書の意義は、当時大ヒットしたメロドラマの数々をていねいに紹介しながら、小説をはじめとする文学ジャンルとの緊密なかかわりを浮かびあがらせてみせてくれるところにある。たとえばユゴーの『レ・ミゼラブル』。この小説は演劇に脚色されて大ヒットした作品だが、「無法者」を主役にし、しかも、「迫害されつつ最後に幸福になる可憐な乙女」を描いているこの小説がメロドラマのコードとぴったり重なっていることにあらためて気がつかされる。十九世紀、大衆演劇と小説は互いに影響をあたえあって大衆文化をつくりあげていったのだ。

こうして本書のメロドラマ論は、作品中心主義の狭い文学史の枠組みではとらえきれない文学の姿をみせてくれる。観客動員という点でただちに作品の受容者がわかる演劇は、文学よりもあざやかに文化の「消費の場」を明らかにしてくれるのである。

広く演劇をこえて大衆文化の把握に役に立つ。

(中篠忍訳、晶文社、一九九一年)

(『産経新聞』一九九二年一月二十三日夕刊)

〝知の探偵〟さえる推理

高山 宏『テクスト世紀末』

読みだしたらやめられないとはこういう本のことを言うのだろう。文化史の最先端情報を満載した思想書でありながら、その面白さたるや、まさに推理小説のそれである。絵画からモードからインテリア、地下鉄にデパート、そしてフロイトから遊園地まで、十九世紀末ヨーロッパ文化を飾るさまざまなものが、ものの見事にリンクして見えてくる。

どういうふうに繋がって見えてくるのか——ここでそれを言ってしまうと、推理小説の結末を明かすようなためらいを覚えるほど、諸々のテクスト表層の謎のリンケージを読み解く知の「探偵」高山宏の推理は冴えわたっている。論中、ホームズを語る一節に、「神なき万有のテクスチュアルな連鎖を、自らテクスト・メーカーとなって探偵が織る」という文章があるが、さしずめこれは著者みずからの自己言及ではあるまいか。

神の死を迎えた世紀末、女の身体からオリエントに至るまで、自己の「外」にあるものはみなテクストという表面の「内」に取りこまれて華麗な美的装飾と化す。それらの表層の美はすべて自我の内部の不安と空虚を隠し、「だます」ためのアリバイである。そのアリバイのテクストは、モードの布襞から、ウインドー・ディスプレー、果ては地下のアンダーグラウンドまで、従来の世紀末論が見落としてきたロー・アートの万端に及ぶ。

内にあって「見えない」ものを「見える」表面に描きだして所有し、内を外に追放して内なる混沌を厄介払いにする——この身ぶりこそ、すべてを繋ぐキー・ジェストである。この身ぶりを通して、博物学や精神分析といった「知識」があっと驚くコネクションでカタログ販売やデパート商法といった「商業」とリンクしてゆく。

こうして「耽美の世紀末」というステレオタイプが瓦解してゆく（カタストロフィックな）快感はこたえられない。パワフルな力業で文化史の先端を走り続けてきた高山宏の、これはまちがいなく最高峰のテクストである。

（ポーラ文化研究所、一九九二年）

（『日本経済新聞』一九九二年十二月二十日）

「男たちに与ふ」の書

鹿島 茂『パリの王様たち』

タイムリーな、しかも反時代的な本である。

タイムリーというのは例の阪神大震災だ。一瞬のうちに都市を焦土と化した震災は、《ハングリー》という言葉を復活させた。地震とともに時が五十年タイムスリップして、「裸一貫」という死語がにわかにリアリティをとりもどし、無一文から身を起こすハングリー精神が息をふきかえしてきた。そのハングリーなパワーを一冊に濃縮して語りおこしたのがまさにこの本である。

時は五十年をさらに百年さかのぼった十九世紀、ところはパリ。身ひとつから筆の力一本で《パリの王様》にまで成り上がった三大文豪の生涯が生き生きと語られる。いやはや、そのハングリー・

パワーのスケールの大きさたるや、まさに壮烈。文学など関心のない読者が読んでも面白いことうけあいである。著者は言う、「わが書は淫らなれど、わが生は清らかなり」式の文学者の人生など辛気臭くて面白くもなく、「文学的パッションが好景気にあった時代の桁外れな文学者たちの生き方が好きでたまらない」と。好きこそものの上手なれ。ユゴー、デュマ、バルザック、十九世紀の作家のなかでも桁外れなスケールを誇った豪傑たちの《欲》に満ちた生涯が面白おかしく語られてゆく。

とにかく愉快なのだ。帯の惹句にいわく、「名誉も金も女も欲しい!!」男子の本懐というべきか、男の本音というべきか。「経済的好景気に反比例してパッションの不景気時代に入った」世紀末、社会のソフト化とともにめっきり男の影が薄くなり、やたら女がはばをきかせるようになった時代の気分をさかなでするような反時代的な精神にあふれている。女ばかりが元気のいい昨今を苦々しく思っている男性軍は、読んで我が意を得たり、男子の本懐を満喫できることだろう。金は儲かる、女は寄ってくる、そして名声もあがるとなれば、人生かく生きたいと思うにちがいない。

豪傑物語として面白いこの本は、しかし文学論としても面白い。ケインズやウェーバーから借りた経済学的メタファーを駆使しながら、ユゴー、デュマ、バルザックの三作家の欲望のそれぞれの「構造」を説き明かすこの列伝は、どことなく崇高なニュアンスのつきまとう「ロマン主義」の古ぼけたイメージを鮮やかに覆してみせるからだ。「序章」の宣言は明快である。こうした彼らの桁外れな出世欲こそが文学を生み出したエネルギーなのであって、逆は真ならず。

彼らは、こうした世俗的欲望「にもかかわらず」大傑作を残したのではなく、それがあったが「ゆえに」かくほどまでの偉業をなしとげたのである。

事実、豊富なエピソード満載の三傑物の人生は、このことを実に説得的に証明してみせてくれる。たとえば、金銭。ナポレオンに匹敵する「パリの帝王」を志したはずの三人がなにゆえ政治ではなく文学の道を志したのか？　この問いに『パリの王様たち』答えていわく、政治には資金が要ったが、文学なら「元手が一銭もかからなかったからだ」。なるほど、言われてみればコロンブスの卵のようなこの回答、旧来の作家研究にとじこもった学者には逆立ちしても出てこないような名答だ。『馬車が買いたい！』で「文学の経済的読み方」をうちだした鹿島茂ならではの卓見である。

こうした「文学の経済学」の白眉というべきは、「借金は創造の母」「吝嗇《りんしょく》と蕩尽の経済心理学」の各章で展開される三文豪の金銭欲の実態だろう。情婦に家計簿をつけさせては毎夜ベッドでそれを事細かく点検し、少しの無駄遣いでもあれば叱って倹約を教えこんだユゴーの徹底的なケチぶり。その偏執的吝嗇は、確かにこの巨匠のリビドーの独特な屈折ぶりをうかがわせずにはおかない。あるいはまたユゴーと好対照をなす超浪費家デュマのポトラッチ的蕩尽の豪快さ。財布の締まりかたと性欲のしまりなさとの関係性はなるほど同根なのだと納得させられてしまう。さらにはまた、億の単位の借金に追われながら、その逼迫《ひっぱく》を創作欲に転じ、執達吏に追われつつ名作を書いたバルザックの伝説的な借金地獄。その借金の額とバルザックの「天才的《でたらめ》」な胸算用を克明な数字で追うくだりの迫力は、『人間喜劇』を地でゆくリアリズムである。

デュマを語る時にはひたすら愉快、バルザックを語るときには愛に満ち、ユゴーを語る時には気宇壮大、三者三様の金と女の楽しみ方をそれぞれの個性に即して語るこのユニークな評伝は、そこらへんの真面目な評伝をぶっとばす爽快さ、愉しんで読みながら教えられるところが多い。

さてその男たちのパッションのゆきつくところ、それは「名誉」である。名声さえあれば金と女はひとりでに転がりこんでくるのが事のなりゆき。そう、この三文豪に傑出しているのは、平民の身に生まれながら、才能ひとつを武器に《パリの王様》になろうと志した法外な名誉欲である。そして、その野心を煽りたてたのは、いわずと知れたナポレオンだ。一兵卒の身から皇帝にまで成り上がったナポレオンは彼らの精神上の「父」であり、ユゴーもデュマもバルザックも三者三様この「理由ある確信」に駆り立てられて爆発的な上昇志向の生涯をおくったのである。二章の「理由なき確信」は、彼らの「理由ある確信」を語りつつ、見事なロマン主義論となっている。

「我こそはナポレオンの後継者なり」。彼らの神がかり的なこの「自己信仰」はいずれ劣らず強烈だが、ユゴーを語る一節をひいてみよう。「今世紀は二歳だった」で始まるユゴーの名高い詩について著者は言う。

自分が生まれた時に「《今世紀》は二歳だった！」と、まるで十九世紀が自分の生まれるのを見守っていたかのごとくに表現するその桁外れの自信、誇大妄想的なその思い込みは「お見事」「まいりました」というほかはない。それは自惚れという矮小なレベルをはるかに越えて、メシア的な確信に近づいている。

この誇大妄想的な確信はナポレオンという王位簒奪者が吹きこんだ時代的「信仰」だった。デュマといいバルザックといいユゴーといい、いずれ揃ってナポレオンという世紀の王殺しの後を追い、我こそは「パリの王」たらんと欲した王殺しであったのだ。そして、王は父に通ず。この三文豪は、精神的な父殺しをやってのけ、勝手に自分を父＝王の地位につけようとたくらんだ確信犯たちなのである。父なき時代の私生児たちの波乱万丈の国盗り物語。すべての国盗り物語が手に汗握らせるように、『パリの王様たち』にも、「戦争ごっこ」の熱気がたちこめている。

ただし、国盗り物語が面白いのは、はじめに述べたようにやはり男性諸君であろう。あらゆる意味で「父なるもの」が希薄となったメロウな時代をいまいましく思っている男性読者にとってはこの書は福音である。何より元気がでる！「名誉も金も女も欲しい!!」内心そう思っている男性諸君は溜飲の下がる思いがするだろう。やれ「ゲイがもてる」だの「キレイがもてる」だののバブルなデカダン気分の男の子たちに読ませてやりたいと思うにちがいない。

ところで、女性読者はどうだろうか？　巨匠の器たちのセックスの「器」の大きさを語るくだりなどは「英雄色を好む」そのもの、いってみればこれも「死語」の物語だ。読み終えて、十九世紀は「男の時代」だったのだと改めて感じざるをえない。退屈なロマン主義神話を爆破するパワーに満ちていることは百も認めたうえで、昨今のスピリチュアル・マインドにはあわないなあというのが正直な感想の一端である。私事になって恐縮だが、同じバルザックをネタに、女の視点から「英雄はなぜ女にもてないか」というテーマの本を書いたことのある身としては、改めてうなずかざるをえないのだ、なんと「のびのびマッチョ」な本だろうと……。

逆に言えば、こんな本は男でなければ書けるものではない。だから、いっそ、言ってしまおうではないか。ユゴーについての言葉をそっくりそのまま著者にお返しして、マッチョ精神もここまでくればいっそ爽快、「お見事」「まいりました！」と。

「裁く父」も「護る父」も不在になった二十世紀末、《男たちに与ふ》の書を書く元気。鹿島茂のこの反時代的精神に脱帽！

（文藝春秋、一九九五年）

（『文學界』一九九五年四月）

アリス・K・ターナー『地獄の歴史』

火あぶり、水責め予想外に普遍的

「幸福」というものは単調であって多くを語りうるものではない。これにたいして「不幸」は千差万別、ひとつひとつの不幸がそれぞれの物語をもっている——バルザックの小説について寺田透がそんなことを語っていたが、本書を一読、その言葉を思い出した。

天国と地獄についても事情は同様で、文学や絵画の領域を問わず、天国より地獄のほうがはるかに想像力をかきたてるものらしい。実際、本書が繰り広げる地獄の歴史は驚くほど多彩である。メソポタミアの物語『ギルガメシュ』に始まって、『オデュセイア』からダンテの『神曲』「地獄篇」、さらにミルトンの『失楽園』をへて十九世紀ロマン派、二十世紀のフロイトにいたるまで、読者は人類史上に描かれた地獄のさまざまな顔をすべて見渡すことができる。ただし著者が断っている通り、この地獄めぐりの中心となるトポスはキリスト教であって仏教の地獄図はいっさい登場しない。

それにしても地獄の深さ、広さ、方位、さらには絶壁や淵や谷といったこの「空想の場所」が呈する地勢と風景は、「さかしまの造園術」と言いたいほどに起伏に富んでいて眼を飽きさせない。

口絵におさめられたカラー図版だけでもその多彩さを堪能できる。

けれども、そうした風景とともに、地獄めぐりの面白さは何といっても多種多様な「肉体の苦痛」の光景に立ち会うことだろう。火あぶり、水責め、飢え、疫病など、人類史をとおして描かれる責苦は、宗教の差異によらず予想外に普遍的だ。それらの苦痛は現実の肉体が味わい知っているものであるだけに生々しいリアリティーがあるが、さて、それがひきおこす《恐怖》はと言えば、妙にそれが薄いのが不思議である。一連のオウム事件は「地獄の恐怖」が人びとのマインドを縛ることを教えてくれたが、死後世界の恐怖なるものはむしろ極めて観念的なものではないかと、逆に考えさせられる書物でもある。

(野崎嘉信訳、法政大学出版局、一九九五年)

(『中日新聞』一九九五年十一月十九日)

ナンセンスの疾走

三浦俊彦『エクリチュール元年』

「あとがき」に、「大学小説集」という言葉がある。けれども、『エクリチュール元年』に収められた三篇のどれをとっても、大学小説というフレームには収まりそうもない。

たしかに、そこには大学らしき風景があり、それらしき人物がいないではない。たとえば「実習校」が描く教育実習の見回り挨拶のように、中小私立大に特有の大学勤務の実態が描かれてもいる。謝礼を手に、実習校を巡回する大学教師の姿など、ほとんど知られざる光景であり、読者は学者たちの意外な勤務「現場」をのぞくような気にさせられるかもしれない。

けれども、三浦俊彦の小説があたえる愉悦感は、やはり、そうしたテーマから来るものではない。そう、エクリチュールには、描写さるべき固有の対象もなければ、場所もありはしないのだ。だから、「あとがき」の弁にもかかわらず、大学をテーマにした暴露小説の面白さを本書に期待するのはないものねだりというべきだろう。読者はただ、著者独特のエクリチュールの疾走に身をゆだね、そのナンセンスの豊饒さに息を呑んで溺れるよりほかはない。

実際、表題にもなっている「エクリチュール元年」の言語遊戯の圧倒的な勢いはどうだろう。奇妙な身体性をもって読者をまきこんでゆかずにはいないそのゲームのさわりのところをひいてみよう。

舞台は某名門私立大。「総合文化哲学科」なる、ちかごろ流行の超学際的研究機関の修論中間発表という設定で展開されてゆく、壮大な「無意味文」の渦——。〈というのも、安蛭武雄『擬態倫理・第三巻』に倣うまでもなくモロッコ国内の村長選挙の九割に対して星空至上主義があいにく適用不可能ですが、この定理に気づいた任意の虎が毎朝午前三時前に双眼鏡を八個以上頰張る習慣を励行し揉み手するや否や、何人たりともこけしに顔を描いてはならぬという緊急条例の発布が欺瞞となるからです。この事実に少量の塩を加えてよくかきまぜると、腹筋マゾヒズムが思念投射ゴキブリの専売特許であることを止めさせられるのは最年少の雪女だけだという一番搾りが導かれる。ただしその二番煎じが無条件で練り立つのはアンモナイトの番《つが》いが西暦四千年まで逃げのびる可能世界においてだけという高鼾《いびき》はあえて嗅ぎ分けるまでもありません。〉

このような快速で駆け抜けるナンセンスの疾走に、なんらかの意味（センス）を求める必要があるだろうか？　エクリチュールのオートマティズムにはいかなる解説も不要なのだ。おそらく、書評さえも……。

もしかしたらそれが、この上機嫌なエクリチュール小説の一抹のさびしさなのかもしれないけれど。

（海越出版社、一九九八年）

（『すばる』一九九八年四月）

絵画通し創作の機微にふれる

吉川一義

『プルースト美術館
――『失われた時を求めて』の画家たち』

絵画や音楽などの芸術はもちろん、写真など、当時のニューメディアにも旺盛な好奇心を抱いていたプルーストは、いわばマルチメディアな作家である。『失われた時を求めて』に親しんだ読者なら、文学論や美術論に多大な頁が費やされていることを知っているだろう。プルーストの小説はさまざまなジャンルの輻輳でもあるのだ。

本書はそれらのジャンルのなかから美術を選び、絵画をとおしてプルーストの世界に入ってゆく試みである。

とりあげられた画家は、モネ、ジョット、フェルメール、エル・グレコ、カルパッチョ、ギュスターヴ・モローの六人。いずれも作中で印象的な残像を残す画家ばかりで、読者はヴィジュアルな知識を愉しみながらプルーストの創作の機微にふれることができる。この意味で本書はマルチメディアな現代にふさわしいプルースト案内だ。そういえばフランスでは同様の試みがほかにも本になっている。『ボードレール美術館』しかり、『ゾラ美術館』しかり。日本でもこのようなメディア・

ミックス的な作家論がもっとあっても良いのにと思う。

しかも本書の魅力は、こうして平易なプルースト案内の役割をはたしていながら、同時にとびきりの専門書でもあることである。それというのもこの「プルースト美術館」は、作家のさまざまな草稿や書簡やその執筆年月日まで知悉した研究者ならではの緻密な推論によってなりたっているからだ。

たとえばジョットの寓意像をプルーストは実際に見ていたのかどうか。あるいはエル・グレコにしても、プルーストが感動したのはいったいどの絵だったのか――プルースト研究者の間でもいまだ「謎」にとどまっているこれら一連の問いを著者は丹念に探り、最新の美術情報と細心の文献研究を重ねつつ、独自の推論を展開してゆく。絵画の目利きであったプルーストがけっこう二次資料や複製図版に頼っていた事実もあぶりだされて、さながら推理小説の面白さを味わえる。古典離れした読者層にも薦めたい一冊。

（筑摩書房、一九九八年）

（『日本経済新聞』一九九八年十一月一日）

日本の有閑階級のベルエポック

朝吹登水子『私の東京物語──蘇る日々――わが家のアルバムから』

小さい頃、「ブルジョワ」という言葉をすっかり誤用していた。「市民階級」などという語義を覚えたのは大学に入ってからで、それまでブルジョワといえば、とびきりの金持のことだった。貧しい庶民には想像もつかない、夢のような贅沢な暮らし。しかもその贅沢は、ブルジョワというカタカナの語感に似つかわしく、洋風の、いわば「舶来の夢」のアウラをたたえていた……。

こどもの頃に漠と思い描いていた、そんなブルジョワの上流生活を実際に送って育ったひとりの「お嬢さま」が、少女時代を綴った回想記が本書である。

著者の父、朝吹常吉は福沢諭吉を大叔父にもち、三越社長をはじめ財界の重鎮を務めた実業家。富豪の朝吹家が明治・大正時代に過ごした「ブルジョワ風」の生活のスタイリッシュな豪華さは、頁と頁の間にはさまれた「家族の肖像」の美しさもあいまって、読む者を夢のハイライフにひきこんでゆく。著者の流暢な文章力の賜物である。

たとえば、「ダディの建てた洋館」のくだりの、おしゃれな暮らしの興味深さ。著者の一家は両親をダディ、マミーと呼んでいて、女子学習院のなかでも異色だったという。まさに生活全体がそんな言葉づかいにふさわしいモダンなセンスにあふれている。大正十四年、品川湾をのぞむ高輪の高台にダディが建てたスペイン風の外観の洋館は、「竹田宮家（現在の高輪プリンスホテル）や北白川宮家（現在の新高輪プリンスホテル）の御殿」が見渡せて、テニスコートまでついた豪邸である。

そして、その豪邸の主であるダディは、「イギリス製の背広」を着て堪能な英語を話し、マナーにうるさい紳士である。その父が、家族の誕生日やクリスマス、お祝いの日などに催す晩餐会には、専門のコックと給仕が呼ばれ、「ロイヤル・コペンハーゲンやジノリのアール・デコのディナーセットや、英国のミントン製で朝吹家の紋章入り」の美しい食器で供される。さらに、朝吹家では週に一回、タイディー・デーが決められていたという。「この日は一同正装。兄たちは紺の背広にネクタイ、私は中国人のテーラー、王《ウォン》の作った絹のドレス」「この夕食のときの会話は英語」と決められていた。もちろん、子供たちは幼い時からイギリス人の家庭教師がついていたから、みな流暢に英語を話すのである。

こうした上流階級の暮らしのディテールは、読んでいて興味がつきない。なにしろ使用人が十数人もいて、学習院に通うにも付け人つき、アメリカ製のパッカードを制服着用の運転手に運転させて通学する毎日なのだ。このような上流階級の優雅な暮らしを身につけた著者を、いわば「生ける文化史」と形容しては失礼だろうか。そう言いたいほどに、本書は、失われたハイライフのセピアのきらめきに輝いている。

どのエピソードもそんなきらめきを感じさせるが、鎌倉での夏の思い出もひときわ興味深い。著者は十五歳の春に肋膜を患い、鎌倉の別荘で安静の日々を送る。何カ月もの療養生活はもちろん辛い。けれど、当時は肺結核が死の病であり、また貧困ゆえの罹病が絶えなかった時代である。ところが少女登水子の悲しみは、病気のせいで仲良しの兄たちと軽井沢の別荘で夏を過ごせないことなのだ……。果たせるかな、やむなく家庭教師とともに鎌倉の浜辺で過ごしたその夏の想い出は、こう続いている。「私は病気を経て、脱皮したお蚕さんのように、娘らしい姿で蘇生した。この年はじめて、青年や少年たちが浜辺で私を異性の視線で眺めた」。それらの青年たちというのは、華族や財閥の御曹司たちなのである。ここには、肺結核にともなう暗いイメージなどどこにもない。

著者自身、自分の育ちをふりかえって、「ブルジョワ家庭の、フランス語の形容詞を借りれば《黄金色の青春》」と語っているとおり、まさに本書は裕福な《jeunesse dorée》の特権的な幸福の記録そのものである。

著者はサルトルとボーヴォワールの永年の友人であり、ボーヴォワールの訳者としても名高い。けれど、そんなことを知らない読者でも、日本の有閑階級のベルエポックを知りたければ、本書はそのすべての興味を満たしてくれる。

（文化出版局、一九九八年）

（『週刊文春』一九九八年十二月三日）

「森の女」との日々を回想

ミシェル・マンソー『友人デュラス』

トゥルーヴィルの海を愛したデュラスは、それ以上の歳月をノーフル＝ル＝シャトーの森の家で過ごした。「水の女」デュラスは「森の女」でもあったのである。本書は、そのノーフルで二十年間デュラスの隣人として暮らした女性ジャーナリストがデュラスとともに過ごした日々を回想した一種の私的な伝記である。デュラスを「マルグリット」とファースト・ネームで呼ぶ語り口が、その私的な距離をよく表している。

『愛人』の大ヒット以来、神話的な伝説の数々につつまれた大作家の普段着の姿はいったいどんなふうだったのだろうか。本書は一見こうした有名人の素顔を明かしてくれるかにみえるが、読みすすむにつれ、そんな期待ははぐらかされてしまう。なぜなら作家でもある著者は、「友人」というにはあまりにデュラスの才能に圧倒されているからである。

たとえば男と女の愛を語るデュラスについて、著者は言う、「私は導師《グル》のような彼女の言葉に耳を傾けている」と。この隣人にとって、デュラスは恐るべきカリスマだったのである。有無を言わせぬデュラスのエクリチュールのあの蠱惑《こわく》的な力はそのままデュラスの生き方そのものだったのだ。

著者はまた、村の女たちに囲まれたデュラスを指してこうも言う。「彼女はノーフルの聖母《マドンナ》ではないのか？」と。なだめがたい愚かさによって読者を呪縛するデュラスは確かに森の聖母であり、この世の女ではなかったのかもしれない——こうして頁のまにまに、デュラスという魔女が棲んだ森の家の記憶があざやかに蘇ってくる。同じ訳者による写真版の評伝『デュラス』とあわせて読まれたい。

（田中倫郎訳、河出書房新社、一九九九年）

（『産経新聞』一九九九年五月十日）

二態性をカギに斬新な作家論

芳川泰久『闘う小説家バルザック』

バルザック生誕二百年を記念して、さまざまな出版が相次いでいる。評者も『『人間喜劇』セレクション』（全十三巻・別巻二、藤原書店）の編集を担当した一人だが、このたび刊行された第一巻『ペール・ゴリオ』の訳者、鹿島茂氏は、解説をこんな読者への呼びかけから始めている。「冒頭の三十数ページ」、「ストーリーが流れ出すまで」の長々しい描写をなんとか我慢してほしい。そうすれば、手に汗握る物語が始まるから、と。

実際、バルザックの小説は建物や人物などの長い描写がつきもので、物語が始まるまでの待ちが長い。けれども、バルザックのこうした小説技法はいったい何に由来しているのだろうか――この問いに、著者は大胆に答えてみせる。大衆が登場しはじめた近代都市パリの風物《パサージュ》の構造こそ、そのままバルザックの小説の構造にほかならない、と。

バルザックの長い「風俗描写」は、ストーリーに直接かかわらない限りでは小説の「外部」だが、小説に厚みをあたえる意味ではその「内部」でもあって、街路であるとともに室内であり、内部でもあれば外部でもあるパサージュに構造的に相似しているのだ。ジャーナリズムむけの風俗記事を書きつつ同時に小説を書いたバルザックは《二態的》な新しい小説を創りだしたのである。

こうして著者は《二態性》をキーワードの一つにしながら斬新な論を展開してゆく。圧巻は、ジル・ドゥルーズの「折り畳み」の論理を駆使して『人間喜劇』形成の秘密にわけいる後半部だろう。《多》を《一》に繋ぐ『人間喜劇』の構造を、十九世紀のエピステーメの深みからとらえかえす試みは実に刺激的だ。ただ欲をいうなら、専門研究者にとってもしろうとにとっても面白い二態的な書物であればもっとよかっただろう。

かく言う評者も、先の『セレクション』のプレ企画に、鹿島氏との対談集『バルザックがおもしろい』を編んだが、もっぱらしろうとむけの「一態的」な入門書になった。二つの間を繋ぐパサージュ的な作家論の難しさを改めて考えさせる。

（せりか書房、一九九九年）

（『中日新聞』一九九九年七月四日）

九つの定義がいざなう「夢見の場所」巡礼

植島啓司

『聖地の想像力——なぜ人は聖地をめざすのか』

胸がわくわくするような幸福な読書体験はめったにない。久しぶりにそんな幸福を味わった。植島啓司『聖地の想像力』はひとを陶然とさせる。

いったいこの本の何がこうも胸躍らせるのだろう？　ほかでもない、「聖地」がそうさせるのである。いや、そう言ってはまちがいだ。著者の定義する聖地が、と言いなおさなければ。

聖地とは何か——著者の定義はシンプル、かつ大胆である。

・聖地はわずか一センチたりとも場所を移動しない。
・聖地はきわめてシンプルな石組みをメルクマールとする。
・聖地は「この世に存在しない場所」である。

・聖地は光の記憶をたどる場所である。
・聖地は「もうひとつのネットワーク」を形成する。
・聖地には世界軸が貫通しており、一種のメモリーバンク（記憶装置）として機能する。
・聖地は母胎回帰願望と結びつく。
・聖地とは夢見の場所である。
・聖地では感覚の再編成が行われる。

ここにあげた九つの定義はほぼそのまま本書の目次になっており、読者を聖地巡礼に誘う。わたしたちは思わず知りたくなるのである、「この世に存在しない場所」の秘密、「もうひとつのネットワーク」の在りか、神が顕現した光の記憶＝伝承を。

歯切れよく疾走的な語りに運ばれるまま、頁をひらけば、最初の「石組み」の章で早くも圧倒される。聖地とは何より「石のある場所」であり、だからこそそれは微動だにせぬ不動の場所なのだ。はじめに石ありき。

エルサレムからパルテノン、ギリシアのデルフォイ、スペインのサンティアゴ・デ・コンポステラ、春日大社、天河、等々、ここ数年だけでも四十七にのぼる聖地を訪れ、二十年来「激しい場所の移動」を重ねている著者の言葉は、鋭く、密度高く、読む者のこころに入ってくる。

そうだ、石なのだ、人間が「この世にない場所」に運ばれてゆくところ、「天国の門」の指標に置かれているのは。そういえばペテロは「岩」の意。イエスは岩の上に教会を建てたのではなかったか。

その石に、なぜ気がつかなかったのだろう？　光と水の書として読んでいた聖書は石の記憶の物語でもあったのだ……。

数年前のこと、わたしは深い祈りのなかで「燃える水」のまぼろしを視《み》たことがある。あの聖なる水は、ひっそりと「世に隠れた」場所、視えない場所に湧き出ていた。その視えない異界と「視える」この世、霊界と下界、天と地の二つの世界のあいだには石の梯子がかかっていたのだ――。

そして、天国に通じるその石は、地球のさまざまな場所、多くは砂漠やヨーロッパの最果てのような「僻地」に点在している。いわゆる地上的交通の面からすれば不便でアクセスの悪い土地ばかり。エルサレムはほとんど不毛の砂漠のなかにあるし、ピラミッドもしかり。中世ヨーロッパの巡礼地、スペインのサンティアゴ・デ・コンポステラも「ヨーロッパの行きどまり」にある。

いったいひとはなぜわざわざそんな難路を通ってはるばる聖地をめざすのだろうか。何がひとを歩ませるのか？

おそらくわたしたちの内部には不可思議な神秘のセンサーが宿っていて、いま見えている世界では決して満たされないことを知っているからではないだろうか。わたしたちの感覚は時に異常に研ぎすまされて、視えないものを見、聞こえないはずの声を聞く。わたしたちのなかの何かが「もうひとつの場所」に憧れているのである。

聖地とは感覚が再編成されるところ、「夢見の場所」だと本書は言う。

そう、わたしたちは深い夢を見たいのである。「普段のつましい日常から離れて」やすらかに眠り、この世を離れる夢、夜の感覚を解き放って、「生の始まり」に回帰してゆく夢を。

そうしてひとが夢見る場所、またしてもそこは「石の場所」にほかならない。本書が語るとおり、「夢を見ることは、夜に属していると同時に大地〔洞窟〕にも属している」からである。

実際、眠りとは、昼の諸感覚を停止させて、夜の——非日常の——諸感覚を目覚めさせること、いっとき死んで仮死の者となり、神の啓示を宿すにふさわしい器となることだ。

人間がそのような眠りをあたえられる場所、それは「籠り」の場所であり、「大地のへそ」なのである（予言者エリアが神の「細い声」を聞いたのもまさに洞窟の中ではなかっただろうか）。

かくして『聖地の想像力』は、石に始まり、石に終わる。まことに逆説的だが、不動の石がかくもわたしたちを「場所の移動」に誘う。

魂をわくわくさせる「石の想像力」の書。何という愉悦、何という不思議な躍動感だろう。

（集英社新書、二〇〇〇年）

（『論座』二〇〇〇年九月）

背広を着て読むなかれ

山口昌男『内田魯庵山脈――「失われた日本人」発掘』

当然のことかもしれないが、本書は誰より著者に似ている。内田魯庵というこのユニークな知者にして痴者、「一代を趣味生活に送った明治の逸人」は、山口昌男そのひとにそっくりだ。魯庵も山口も、いずれ劣らず「好奇心の人」である。古書はもとより、玩具から古銭、広告ポスター、納札にいたるまで、ポップな文化の領域にあって、いわゆる「学知」の領域からこぼれ落ちるもろもろの現象に旺盛な好奇《キューリオ》の目をむけてやまない。江戸の粋を愛する類まれな趣味人なのである。

しかもかれらは、その趣味を知にたかめる達人だ。むろんその知は、いわゆる制度的アカデミズムのそれではない。趣味の同人誌『集古』のくだりにある「野のアカデミー」という言葉は、魯庵のような趣味人がかたちづくるネットワークをずばり言いあてた本書のキーワードだろう。

趣味でありつつ知であり、「知」でありながら「痴」であるような才知が集まってできるネットワークのいわく言いがたいおもしろさ――女遊びにはじまって、古書・古物の蒐集、写真マニアにいたるまで、好き勝手な趣味に遊ぶ奇人変人たちが、かつ結び、かつほどいてゆくこのエキセントリックなネットワークの数々は、「もうひとつの」明治・大正の文化史をあざやかに語り明かす。読みながら、一時代を生きたかのような充実感を味わう。二段組で六百頁あまり。読みごたえ満点の文化史である。

この文化史が前著『「挫折」の昭和史』と『「敗者」の精神史』を継ぐものであるのはいうまでもないが、三作のうち、この『内田魯庵山脈』が読んでいていちばん愉しい。スタイルが「遊」に徹しているからである。それというのも、和洋の知に通じた稀代の「ストゥディオーソ」魯庵＝山口は、物と人の「蒐集家」なのだ。蒐集家なればこそ、喜々として珍物・珍人を楽しみ、賞味するのである。だから本書は博物館のようなコラージュの魅惑にあふれている。

実際わたしたちは、ここにずらりと陳列された「人のコレクション」を楽しんでやまない。本書を読むということは、このコレクションに見ほれ、ためつすがめつ細部に見入ってその趣味世界に惑溺することにほかならない。

たとえば素人写真のくだりなど、わたしが堪能したコレクションの一つである。世紀末はコダックの大ヒットをみた時代、ゾラなどの素人写真家が輩出した時代だが、そうした写真熱は日本にも及んでいた。この写真というハイテクを「見世物」の系譜に位置づけて論じるあたり、文化史家山口昌男のセンスの冴えに改めて感服させられる。このように魯庵を狭義の文学批評の枠におさめず、よろずの文物を語る雑多な随筆群のコラージュを編みあげて、「それをとおして世界を読むためのテクスト」をつくりだす腕さばきは、まさに制度的な専門知識を超出する著者ならではこそ。だからこそ写真というモダンのメディアがこうもおもしろいのだろう。

さらに、写真というメディアもさることながら、鹿島清兵衛なる写真狂の男の珍無類のおもしろさ。写真道楽にうち興じつつ、分限者の養嗣となって金を使いまくり、新橋芸者ぽんたを落籍して浮名を流し、あげくに家産を蕩尽して養子縁組を解消されたという——まったく、何という風狂一代だろう。薩長の官制文化が廃した江戸のデカダンスは、写真のごとき新奇なメディアのなかにひそかに返り咲いていたのだ。ちなみに名妓ぽんたは「落魄の夫に侍づき」、貞女ぽんたと称されたという。誘われるまま明治写真館に迷いこんだわたしは、いつしか本書を離れ、あらぬ「ぽんた清兵衛物語」を紡いでいる自分に気がつく……。

こうしてわたしたち読者は、魯庵を読みながら自在に精神を遊ばせる。つまりは山口昌男の書のスタイルが読む者を染めるのだ。

さらに、スタイルというなら、これら稀代の趣味生活者たちのスタイルは、畢竟、「無分別」に徹して、どこまでも子供の精神を失わずにいる「大供」のそれだといっていいだろう。実際かれらの手になる『大供』なる趣味雑誌は珍奇酔狂、読むだに愉快きわまりない。

そして、この「大供」スタイルこそ、そのまま山口昌男その人のスタイルではないだろうか。言いたい放題、学閥的・制度的知識にたいしては毒舌をふるって容赦ない、「毒ある無垢」。まさにそれが内田魯庵であり、山口昌男ではなかろうか。玩具を愛し、ひとをおもちゃにしてよろこぶ大供、それが「道化の民俗学者」山口昌男なのだ。

その証拠に、彼ほど大供の装いが似あうストゥディオーソはいない。

そう、山口昌男はいわゆる普通の「背広」が似あわない。いちど講演会でお会いしたとき、ダークトーンの無難な背広に身をつつんだ壇上の氏は、聴衆と同じ灰色の群れに没して精彩を欠いていた。

ところが、ある対談をお願いしたとき、氏はまさに大供スタイルで現れたのである。まだ残暑の残る九月、少し遅れて姿を見せた氏は、グリーンと白のギンガム・チェックの半袖シャツを着ておられた……。息をのむ超カジュアル。そうしてさりげなくカジュアルを着こなした山口昌男は異彩を放ち、芸のない背広族を圧殺していた。

まったく、背広とは制度化した知の衣装そのものだ。この意味で内田魯庵＝山口昌男の知は一貫して「反背広」の知にほかならない。学閥やアカデミズムといった背広的世界を蹴飛ばして、少年風のギンガム・チェックをさらりと着こなした山口昌男は文字通り「大供」の面目躍如だった。『内田魯庵山脈』はだてに「江戸の粋の残り香」ではじまっているわけではないのである。知のスタイルが知の内容をつくることを知悉している著者は、当然ながらスタイリッシュそのものなのだ。

くどいほどそれを言うのは、そうした山口昌男論が皆無にひとしい事実をつねづね不満に思っているからである。わたしも「大供」精神に染まって言わせてもらうなら、要するに、そんなことに鈍感な山口昌男論はあまりにダサイのだ。知の超人だとか、超領域の知だとか、そんなの、わかりきってるじゃん！

スタイリッシュな反背広の知の系譜学を、ダサイ背広で読むことなかれ。まったく、芸もなく背広など着こんだままで、何がカルチュラル・スタディだろう。

制度という背広を脱ぎとばして、大いに惑乱しつつ風狂の風に舞うべし――大供の愉悦に満ちたこの大著は、どの頁を開いてもわたしにそう語りかけてくる。

（晶文社刊、二〇〇一年）

（『新潮』二〇〇一年三月）

教養に裏打ちされた新鮮な問い

鹿島茂『文学は別解で行こう』

「別解」というタイトルがいい。鹿島茂の面白さをよく言いあてている。

ぼんやり流布しているイメージに、まるで別の見方をぶつけるお手並みは痛快。たとえばヴェルヌの『八十日間世界一周』は冒険小説というのが文学史の正解だが、別解によればこれは信用小説である。なぜなら主人公は「女王の銀行」に二万ポンドの預金を持ち、この信用を維持するため世界一周を利用するからだ。それにしても、なぜどのように？——読者は謎解きのスリルとともに新説を知る。

そしてナットクするのである。別解の数々がすごい教養に裏打ちされていることを。当時のフランス経済の仕組みに分け入る知識あればこそ、株式仲買人というヴェルヌの経歴の意味、印象派画家たちが貧乏だった理由、さらにはワーグナーの借金癖を「株式会社」ととらえる視点まで、大胆な説を提起できる。真に新鮮なのは解答よりむしろ「問い」なのである。めずらしく元気の出る文学入門。

（白水社、二〇〇一年）

（『朝日新聞』二〇〇一年四月十五日）

「愚かさ」を忘れた現代日本

内田義彦『「日本」を考える』〈内田義彦セレクション　第4巻〉

ユートピアの条件、それは「愚かさ」である。聖なるものは、世俗の知恵をはなれた無垢なこころに宿る——冒頭におさめられた『夕鶴』論は近代の内なるユートピア指向を語って斬新かつ深遠だ。

この深みを、現代の日本は忘れている。社会の存立には超越的なものが不可欠であり「愛」と「信」はみえない要件なのだ。ところが知恵に汚れたわたしたちは、その「愚かさ」を忘れてしまう。天に飛び去る白いつうの姿は、哀切に、その忘失の痛みを照らしだす。

スミスにルソーを重ねつつ、モノや知識では満たされない高みを、半世紀も前からたずね続けてきたこの思想史家の、稀有な深さとしなやかさ。その言葉は、時に邪気に富んで愉快に弾む。河上肇を指して「真剣な幼児の精神」と言うが、これは内田義彦そのひとの精神でもあろう。

モダン、ポストモダン、ＩＴ革命と、騒がしく行き過ぎる現代日本の流行をよそに、はるかな英知が胸にしみる。

（藤原書店、二〇〇一年）

（『朝日新聞』二〇〇一年七月八日）

典雅にして破廉恥な言葉たち

阿部日奈子『海曜日の女たち』

暮れなずむ秋、短く逝った夏を惜しんで海曜日《うみようび》の女たちに会いにゆこう。阿部日奈子の詩集を開いて。そこ、眩しい海辺のパーティーでさんざめくのは、孤独な女、多情な女、勝ち誇る女、みな私たちの愛の分身だ。

捨てられてひとり砂丘に座るイーダ。「電話回線が常時情事で満杯」の街で恋に破れたプチハイエナ。そんな哀しい女たちの一方には花盛りの女の子たちの群れ。「女の子の名前はみなオーレンカで／強い陽差しの真下でも彼女たちには影がない」

驚くべく物語性に満ちた現代詩である。タイトルが雄弁だ。「Miss プチハイエナはなにゆえ岸辺の葦になりかけたか」「未来はオーレンカのもの」「愛の物乞い」。典雅にして破廉恥な言葉が女たちの身の上をうたう。

吉岡実（Y）に会いにゆく海曜日の歓びをうたう最後の詩は「詩についての物語」。女たちの海から未聞の言葉が立ち上がってゆくさまに胸がおどる。

（書肆山田、二〇〇一年）

（『朝日新聞』二〇〇一年十月七日）

現代人の性の呪縛を泥臭く

ミシェル・ウエルベック『素粒子』

「美と官能のエクリチュール」というフランス文学のイメージに唾を吐きかける過激な性（セックス）小説である。九八年に発売以来、轟々たる反響をまきおこしてすでに翻訳も三十近い国々にわたるというから、そのインパクトのほどがうかがえる。

読者を興奮させるもの、それは作者の捨て身の戦法だろう。いわゆる「性の解放」思想、「アメリカに起源をもつセックス享受型大衆文化」の蔓延はいかに惨めな現実を生み出したか。ウエルベックはその悲惨さをありったけの呪詛と憤怒をこめて生々しく暴きだす。性的快楽の過剰崇拝は性愛の自由競争を煽り立て、性的勝者と敗者を生み出さずにはいないのだ。

たえず妄想を煽り立てられながら満たされず、フラストレーションと敗北感に苛まれて生きる中年男の悲惨さはウエルベック自身がみずから味わったものにちがいない。デュラスの『愛人』が性愛の勝者の私小説だったとしたら、こちらは負け犬によって書かれた私小説なのだ。フランス文学が久しく忘れていたこの「泥臭さ」。それこそ読者の圧倒的共感を呼んだ力だろう。

けれどもこの小説の成功は、こうした卑近な現実に遠大な社会思想史的拡がりをあたえるレトリカルな仕掛けにも由来している。作者は性の妄想に憑かれた現代人を文字通り人間という「種」にまで拡大し、有「性」種の終焉というSF的筋立てに仕上げているのだ。この大上段な筋立てによって作品は壮大なスケールを獲得している。細部のほころびは多々あれ、この仕掛けがさほど荒唐無稽でないのは、それほどまでに性というオブセッションの呪縛が強大だからだろう。

もう一つ、この作品の話題性に、フーコーやラカンなど八〇年代を席捲した思想家に悪態をついているという事実があるが、真実はむしろウエルベックの思うところとは逆であって、フランスがかくも「性の理論」に傾倒した真の理由こそ、ここに描かれた性のオブセッションなのだ。フランス現代思想は終わったと思っている人々にこそ読まれて欲しい。野崎歓の訳も素晴らしい。

（野崎歓訳、筑摩書房、二〇〇一年）

（『日本経済新聞』二〇〇一年十月二十一日）

自分自身による「癒し」の物語

篠原 一『アイリーン』

ラストシーンに登場する「やさしい沈黙」という言葉がとても印象的。小説の肌ざわりが伝わってくる。弱いこころは、やさしい沈黙につつまれて癒されたいのだ。やわらかい愛の手で「壊されて」、そして再生したい——そんな癒しの物語を紡ぐストーリーテリングの達者さは確かな才能を感じさせる。

アイリーンと名乗る占師の語り手は、依頼をうけ、まだ見ぬ「うわさのアイリーン」探しを始めるが、そうするうちに彼女を求めているのは誰より自分自身なのだということに気づいてゆく……。つまりセラピーは二重構造で、壊されたいのも私なら、癒す他者も実は自分の内にひそむもうひとりの私なのだ。この曖昧な二重性を、「二人のアイリーン」にふりわけて後者を探すミステリー仕立てにした仕掛けが秀逸。
しかもヒロインの名前が素晴らしい。アイリーンという哀切な語の響きがひたひたと魂の泉にふれてくる。
秋の夜に読みたい掌編。

（作品社、二〇〇一年）

（『朝日新聞』二〇〇一年十一月十八日）

過剰な対立が放つ魅力教える

ピーター・ブルックス『メロドラマ的想像力』

小さい頃、父に連れられて洋画を見た。『駅馬車』や『黄色いリボン』など懐かしの名画を見つつ、子供の私はたずねたものだ。「ねえ、この人、良い人、悪い人?」父の答えを、今も覚えている。「悪い人さ、だけど、これがいいんだ!」思うに父はメロドラマ好きだったのだ——ということを、目から鱗が落ちるように教えてくれるのが本書である。

といっても、ひとまず本書は映画の前史にあたる十九世紀文学論。ユゴー、バルザック、ヘンリー・ジェイムズといった巨匠を分析しつつ、「メロドラマ的想像力」という芸術様式を析出する手腕は圧倒的、一九七六年の本だが、少しも古さを感じさせない。まさしくメロドラマは「対立する二つの力」の葛藤を炎のようにドラマチックに展開しつつ、わたしたちを興奮の渦に巻きこんでゆく表現様式なのである。

「悲劇」が神々や英雄を舞台にのせるのに対し、メロドラマは同時代に生きる市民の等身大の姿を描きだす。出世か清貧か、美徳か悪徳かという二極対立を極限まで膨らませてゆくこの様式は、良心を危機にさらしてハラハラさせる。「良心はメロドラマ的」にできているのだ。

そうして幾多の危機をかいくぐった人物たちの結末は、一挙に「大詰め」へ。という筋立てからもわかるとおり、大衆演劇から発生したメロドラマは本質的に「劇的」な様式であり、人物の姿を炎のようにめらめらと誇張して描きだす。だからそこでは悪も極みに達し、世にも魅力的な輝きを放つのだ。バルザックの大悪党ヴォートランしかり、ヘンリー・ジェイムズの悪女ケイト・クロイしかり。メロドラマは「悪役が、いい!」のである。

この想像力は、二十世紀になってヨーロッパからハリウッドに渡り、映画に引き継がれてゆく。そこからさらにテレビの連ドラなど、現代のサブカルチャーに至るメロドラマの系譜については巻末の解題に詳しい。溝口健二からレディースコミックまで同一平面にみおさめるこの解題のすばらしさ、これだけでも十分読むに値する。

(四方田犬彦・木村慧子訳、産業図書、二〇〇二年)

(『日本経済新聞』二〇〇二年三月十七日)

花と場所の妖気漂う物語

稲葉真弓
『花響』

春を待っていたような白と紫の清新な装丁が眼を奪う。誘われて頁をめくると、銅版画と共に広がる花世界。

といっても『花響《はなゆら》』は、いわゆる花をめぐる幻想短編集ではない。むしろこれは幻想の「場所」の物語、わたしたちの意識下にある不可思議な場所のファンタジーである。

各編の魅力的な題にもそれは明らかだ。「金色の舟」はすぐにキンモクセイだとわかるけれど、「踊る足」は菊の話、「うふふの子」は忽然と空中に咲くオニユリの話。展開じたいが謎めいている。「摩天楼の裏側で」も同じく、迷路にも似たニューヨークの路地裏に咲くサンザシが紡ぎだすのは、死んだ鳥の腹の中にいる蛆に似た天使の群を描く絵の物語だ。

こうして花の群れは読者を在らぬ場所、ねじれた異境に運んでゆく。なかでも忘れがたいのは「鬼の来る場所」と題された桜の話。とある山に眠る池の水鏡は何万の桜の花枝が映る万華鏡なのだという。全編に花と場所の妖気が漂う。

（平凡社、二〇〇二年）

（『朝日新聞』二〇〇二年三月十七日）

様々なテクストを響かせるパフォーマティブな声

今福龍太『ここではない場所——イマージュの回廊へ』

愛する書物を側において別の書物を読むと、いちばん良い仕事ができる——どこかでバルトがこんなことを言っていた。

今福龍太のこの書物は、まさにそんなふうに、読まれるというより側に置かれて、わたしたちを別の何かに向かわせる。いま仮に書物と呼んでみたが、書物であることからあたうかぎり遠ざかろうとしているこの非‐書物は、ひたすら著者の主張を述べたてて読者を受け身の存在にする、あの書籍という熱いメディアからもっとも遠い身ぶりをしている。

チャーミングなその身ぶりに応えて、わたしは、ここに語られているさまざまな場所の物語に聞き入りながら、ここではないさまざまな場所に身を運び、ここにはない土地の名を思い出す。パリ、ヒースロー空港、アヴィニョン、そして、いつも歩く近くの通りの名のあれこれを。

これは、そのように不思議な「遠心力」の渦にひとを巻きこむ作品なのだ。これほど惜しみなく他者にひらかれた書をわたしは絶えて知らない。読みながら、わたしはさらに、ここにはいないひとを何人も思い出す。

なかでも、記憶の夜をくぐって生き生きと聞こえてくるのは、逝った異貌の歴史家セルトーの声である。「自分の場所にいながらエトランジェであること」――自分のポジションをこう語ったセルトーは、読書という実践の場を語っていたものだ。そのセルトーの声を、今ありありと思い出す。――読書の場所は、ここかあそこ、この場所か別の場所か、ではなくて、ここでもあそこでもなく、同時に内部であり外部であり、二つを兼ねながらいずれをも失い、横たわるさまざまなテクストを結びつけてゆく場所だ。

「ここ」を語りつつ「あそこ」に誘い、読者を内部に沈潜させつつ、同時に外部に送り出す今福龍太のこの非領土的な書物は、要するに、書き言葉《エクリ》ではなく、「声」なのである。固有の場所を持たず、発語とともに周囲にはたらきかけて、そこに変容をもちきたらす、パフォーマティブな、生きた声。

その声は、わたしの耳だけではなく、五感のすべてにはたらきかけてくる。その声は、わたしの手に、ざらざらした森の樹の感覚を思い出させるし、うつろう風の動きに感応する皮膚の記憶を呼びさます。なぜなら、声とは「息」であり、身体の存在そのものであるからだ。ひとつの声＝身体であろうとするこの書物は、たちまち幾つかの声と身体を招喚し、ゆたかな感覚の交響を奏でてゆく。

そう、感覚の交響。たとえばこの声＝身体は、じっと他者《ひと》の声に聴きいる敬虔な「耳」でもある。天地の叡知を聴くに聡《さと》いその耳は、風の声や動物の知恵に驚き、小さな声に耳を澄ます。そのような敬虔な耳にだけ、自然界はみずからの豊饒の秘密を明かす。

そして、その秘密は、何より「言語」をとおしてわたしたちに明かされる。「詩」という言語をとおして。実際、ここに集められた数々の文章のなかでも最もワンダーに満ちたものの一つに、「エコロジーのミューズを求めて」と題された掌編がある。現代のエコロジーは、政治的な組織の言説か、さもなくばビジネスに堕してしまっているのが現状だが、本当に必要なのは「詩」なのだと今福龍太は言う。

――「自然界に満ちあふれる無数の《音》の連続体のなかから繊細なことばたちを選びだし、それを歌や踊りとして身体的に表現する」インディアンたちは、みずからを「土地の棲息者」と主張している。かれらインディアンたちは、その「《棲息》の感覚を語るための限りなく厳密なことばが、《詩》としてしか存在しえないこと」を知悉《ちしつ》している。そのような詩への関心こそ、いまエコロジーに必要なものなのだ、と。「詩神《ミューズ》を宿す」エコロジーだけが天地の叡知に触れうる……。土地と身体と詩の、このコスミックな重奏。ここでまたしてもわたしは、この書物を離れ、記憶の回廊をさかのぼって、別の書物の声を聞く。聖なる書物の断片、「ヨブ記」の一節を。「神の霊がわたしを造り、全能者の息がわたしにいのちをあたえる」――まことに、いのちと「息」、宇宙と言葉は響きあって一つのものなのだ。

そう、詩とはまさに天の「息」によって命をふきこまれる言葉にほかならない。生きた声であろうとするこの作品は、だから、ごく自然に「読む」という声の実践に身をひらき、みずから詩そのものになってゆく。他者の声によって息をふきこまれてゆく詩に。こうして複数の声の祝祭の場と化してゆくこの非-書物、この未聞の試みは、選びぬかれた写真と図像《イマージュ》の効果的な配置の戯れともあいまって、本という閉じたメディアからあふれだし、別の何かにむかってゆく。

聴くこと、語ること、歩くこと、触れること、見ること、信じること――それらすべてに開かれたこの作品を「側に置いて」、わたしも別の何か、ここではない場所に旅立とう。頁を閉じる時、亡命者のように、ベンヤミンの言うあの「最後のひと目による恋」の一瞥を投げながら。

（岩波書店、二〇〇一年）

（『論座』二〇〇二年四月）

存在を贈り、贈られる関係論

『死なないでいる理由』

鷲田清一

癒やしがはやり、私という存在のかけがえのなさを切に確かめたい気持ちがわだかまっている。この「寂しい時代」は私的所有感覚の肥大化の帰結なのだと著者は言う。

確かに私たちは平気で口にしたりする。「私のからだなんだから、どう処分したって自由でしょ」と。けれど、こんな放恣《ほうし》な「可処分」感覚は、自分の存在を何ものかに負うているという謙虚さを忘れ去っている。

自由に飽き足りた私たちは、どこかでこの謙虚さに渇いているのだろう。だからこそ、自分の物や労働をだれかに「贈り」、自分自身を他者にさしだすボランティアにこれほど心惹《ひ》かれるのだ。あなたはあなたでいいのよと肯定されて、まるごと存在を贈られたいから、自分も贈りたい。

本書はこうして所有論を贈与論につなげ、さらに関係論に深めてゆく。

愛という言葉を一言も使わず「死なないでいる理由」を考え続ける哲学の忍耐の力に敬服させられる。

（小学館、二〇〇二年）

（『朝日新聞』二〇〇二年五月十九日）

「通俗の女王」がうける秘密

林 真理子『初夜』

林真理子が好きだと言うと、意外ねえと言われる。私の専門がフランス文学だからだろう。ハイソで高級難解な「おフランス」文学と林真理子はミスマッチということらしい。

ジョーダンじゃありません！

『コスメティック』のように華やかな化粧業界を描いては華麗にメロドラマチックな恋物語を展開する一方で、本書のように花の盛りを過ぎた四、五十代の女の哀感を描いては、全編にしんみり苦い感慨をにじませる、そんなマルチな作家は彼女をおいてほかにない。

そもそも中年の肌のたるみや小じわの悩み、はたまた表題作「初夜」のような子宮摘出の悲哀といった卑近なテーマを書ける作家は、やはりわれらが「通俗の女王」、林真理子よりほかにいないのだ。「堂々たる日常性」とでも形容したくなる親しみやすさ。

圧倒的多数の女たちに彼女がうける秘密である。

真理子嫌いのインテリ男性諸君、考え変えませんか？

（文藝春秋、二〇〇二年）

（『朝日新聞』二〇〇二年六月十六日）

愛という欲望の恍惚と不安

カミーユ・ロランス『その腕のなかで』

もしもバルトの恋愛論『恋愛のディスクール・断章』が女性によって書かれ、しかもそれが小説だったら――という夢を、そっくりかなえたのがこの小説である。

四十代の女性作家が、人生で出会ったすべての男たち、「その腕のなかに」抱かれた男たちを、父親から夫、愛人、ゆきずりの男まで、「断章」形式をたくみに駆使しつつランダムに語ってゆく。語りとともに浮かびあがる男の欲望の深さ。それ以上に、男のその欲望と対をなす、「女である」欲望の果てしなさ。作者はこう断言している。「男たち以外のどんなテーマに価値があるのでしょう?」と。女の人生の最大のテーマは男なのだ。

ふと、シャネルの言葉を思い出す。「女は、男に愛される以外に幸福ではありえない」「男に愛されない女は無にひとしい」。

すべての根底に性があるフランス文化。その恍惚と不安をひしと感じる。

(吉田花子訳、新潮クレスト・ブックス、二〇〇二年)

(『朝日新聞』二〇〇二年七月二十一日)

歴史の暗部からアメリカを撃つ

西垣 通『1492年のマリア』

一四九二年、コロンブスがスペインを出港したのはユダヤ人追放期限日の翌朝のことだった。新大陸は実はユダヤの「約束の地」だったのである。血湧き肉躍るとはまさにこれ。

読みつつ、筒井康隆の『文学部唯野教授』の興奮を思い出した。難解な思想も小説になると「あっとわかる」からだ。というのは本書の枢軸をなす神秘家ルルスの思想のことで、要するに彼の「普遍の術」とは、万物を基本概念に分解しこれを機械的に再結合して真理を得るというもの。知を大衆化するその「思考機械」こそ実にコンピュータの鼻祖となる――まさに情報学者ならではの壮大な構想で、愉《たの》しみつつ「グローバリゼーション」の知られざる史的起源を教えられる。

夢の聖女マリアをめぐる恋のドラマも迫力満点、圧巻はラストに現れる異貌の男……。が、その正体はぜひ御自分の目で。

歴史の暗部からアメリカを撃つ物語の海へ、読者よ、いざ出帆せよ。

（講談社、二〇〇二年）

（『朝日新聞』二〇〇二年九月一日）

文革期、小説に恋した青年が見たものは

ダイ・シージエ『バルザックと小さな中国のお針子』

「人は女に生まれるのではない。女になるのだ」こう言ったのは、いわずと知れたボーヴォワール。と、お思いでしょう？　残念でした、フェミニズムには真っ平ごめんこうむりまして、そんなこと、ボーヴォワールより百年も前にバルザックが言っておりますのよ。もちろん、全然ちがった意味ですけれど。

――ということを、目の覚めるような斬新なストーリングで明かしてくれるのが本書である。

小説の舞台は中国の山奥、時は一九七一年、文化大革命の真っ只中である。当時、「知識青年」は反革命分子のレッテルをはられて農村に送られ、再教育をうけた。悪名高い「下放政策」である。この設定は、作者ダイの実人生からきている。彼も下放政策の犠牲となって三年間を四川省の山奥で過ごしているからだ。

その後八〇年代になりパリに留学したダイは映画の道に進む。その彼が渡仏十六年目にしてフラ

ンス語で書いた初の小説が本書である。三十カ国語に翻訳されるベストセラーとなり、すでに本人の監督で映画化も終え年末には本邦公開の予定だが、何より意表をついたタイトルがヒットの秘密を明かしている。

バルザックとお針子。すなわち、小説と女――そう、本書の面白さは、文化大革命という歴史の悲惨を、いわゆる社会小説ではなく、卓抜なラブ・ストーリーに仕立てあげたところにある。

道も通わぬ山奥に送りこまれた二人の青年、「僕」と親友の「羅《ルオ》」は、山でいちばんの娘、小裁縫《シャオツァイフォン》に恋をする。何しろヴァイオリンはおろか時計さえ知らない人々にとって、ミシンを持った仕立屋の娘は「お姫さま」なのだ。ところが、この小裁縫、美しいのは確かだが、笑うと瞳に野育ちの「粗野な本性が現われる」。羅いわく、「あの子には教養ってものがない。少なくとも俺にはあれじゃ足りない！」粗野な娘が「女」になるには、教養が必要なのだ、つまりは小説が。

いや、小説が必要なのは娘ばかりではない。『毛沢東語録』以外はいっさい禁書という苛酷な環境で多感な青春を過ごす当の青年たちこそ、小説に恋をする。

同じ下放の身の上の作家の息子が鞄に隠し持つ本に目をつけた二人は、あの手この手の策略をつくして何とか本を手に入れようと狙う。そんな苦労の末に手にした初めての本、それがバルザックの小説なのだ。本の題は、『ユルシュール・ミルエ』。バルザックのなかでもめったに読まれないこんな小品を選ぶ作者のセンスのにくさ。しかも作中、小説の説明はほとんどない。語られるのはただ、小説というものにそなわる魔法の力である。

「闖入者ともいうべきその小さな本」は、いまだ「女を知らない十九の若者」に、「欲望の目覚め」や「感情の高まり」、つまりは禁断の愛の世界を明かすのだ。寝食を忘れて読み耽ったその本を、今度は羅が娘に読んで聞かせる。読み終えた娘は、「口をぽかんと開けたまま、信者が神聖なものを手にするように」小説を抱きしめて恍惚となる。

「このバルザックってやつは本物の魔法使いだよ。あの子の頭に、目に見えない手を置いたんだ」。娘もまた禁断の木の実を食べて目が開けたのだ。

そう、確かにバルザックは魔法使いなのである。魔法に酔った二人は、ついには鞄ごと本の山を盗みだし、『ゴリオ爺さん』や『ウジェニー・グランデ』、スタンダールにフロベール、さらにはトルストイやディケンズまで手に入れる。

それらの宝を二人の青年がボヴァリー夫人もかくやとばかり貪り読んだのはいうまでもない。そのうえ羅は、それらの小説によって「美しく学のある女の子を創るという野心」を燃やし、愛する小裁縫にせっせと本を読んで聞かせる。

人知れぬ滝のなかで愛を交わすシーンの美しさなど、さすがは映画監督と思わせるが、圧巻はラストである。みごと羅の教育を身につけて「学のある」娘になった小裁縫は、しだいに「街の女の子」のようなしゃれた身なりをするようになり、ついにある日、街に出て行ってしまう。もちろん、二人を置きざりにして。

そのラストがすごい。追いかけて問いただす羅に娘はこう答えるのだ。「バルザックのおかげで分かったの。女性の美しさは、値のつけようのない宝だってことが」。

小説は、娘のこのせりふによって幕を下ろす。最後の最後で、なぜバルザックなのか、ようやく理由が明かされるのだ。何事も欲得がらみ、きれいごとでは終わらないのがバルザックだから。

——というわけで、人は女に生まれない。バルザックによって女になるのだ。

え、何ですって？　それこそイデオロギーじゃないかですって？　おそらく。

だけど、そんなことおっしゃる前にバルザックぐらい読んでみません？　せっかく日本でも『バルザック『人間喜劇』セレクション』（全十三巻・別巻二）が完結したことですし。イデオロギーに染まらない「粗野な女」でいたいとおっしゃるなら、もちろんご自由ですけれど……。

（新島進訳、早川書房、二〇〇二年）

（『論座』二〇〇二年九月）

豊饒な世界を「深く」味わう

フィリップ・ミシェル＝チリエ『事典 プルースト博物館』

世界が豊饒で事典が欲しくなる作家と言えば、第一にバルザック、次がプルーストだろう。その待望のプルースト事典が本書である。博物館の名にふさわしい「プルースト読本」だ。彼の小説世界とそれを生み出した時代背景が多角的に、しかも「深く」味わえる。

その深さがすごい。さすが碩学の監修になるだけあって、原著にないさまざまな資料を編纂して付け加えているからだ。百枚以上にのぼる図版や地図、作品の批評史や草稿研究など、いずれも原著になかった贅沢な付録である。

だから専門家もアマチュアも博物館の堅固な基礎に安心して自由に遊び、「読む事典」の愉しさを満喫できる。地図フリークスの私など、ああ、ここはプルーストが好きなデザートを買いにやった菓子屋、ここはスワン夫人がドレスを見せに行った通り……と、夢想に耽って時間を忘れてしまう。

ベルエポックのパリに迷いこみたい読者はぜひご入館を。

（保苅瑞穂監修、湯沢英彦ほか訳、筑摩書房、二〇〇二年）

（『朝日新聞』二〇〇二年十月六日）

晴朗な力で「性」を描く

ミシェル・ウエルベック『プラットフォーム』

前作『素粒子』でベストセラー作家に躍り出たウエルベックの待望の新作。テーマはなんとアジアへの買春ツアーである。

恋や愛といった面倒な情緒的手続きをすっ飛ばして性的快楽に耽りたいというのは男のユートピアだろう。買春がこの夢を実現する。などとまとめると身も蓋もない話になってしまうが、この小説の第一の読みどころは、あえてそんな暴論にうってでる作者の怒りに満ちた絶望だ。

欧米社会の恋愛は、もはやいかなる性の悦びも生みださない。権利意識に過敏な欧米人は自己に閉じこもり、他人に「悦びを無償で与える」贈与の感覚を喪失しきっているからだ。女がここまで強くなった現代、西欧の性にもはや未来はない……。

こうして作者は前作同様、女性の反駁を承知の上で、「現代西欧の性の白書」を痛罵をこめて描きだす。あれこれと性に理屈をつけて与え惜しむ西欧女などどくそくらえ、と。いかにもウエルベックらしいスキャンダラスな戦法だ。

しかも彼は、ここから世界的スケールの「大風呂敷」を広げてみせる。裕福だが性の満足を得られない数億人の西欧人と、貧しいがセックスならあたえられる第三世界の間に交換を成立させて買春ツアーを成功させれば、「性の未来」の土台（プラットフォーム）ができるというのである。いやはや何たる性の帝国主義！

アジアの女の一人として、「ふざけんじゃないよ」と一蹴したくなるのは事実だが、にもかかわらず、一気に読ませてしまう。

「未来のイヴ」ともいうべき夢の女を配して全編に満載されたセックス描写が素晴らしいからだ。愛や恋といった言葉ばかりか男と女の会話さえ排し、ひたすら行為に徹した性描写はポルノの紋切り型からはるか遠く、晴朗な力に満ちている。マッチョなペニス主義ではなく、それでいてまぎれもない男の悦楽を描きだす未聞の描写力。二十一世紀のポルノとでも呼びたいほどだ。この筆力あればこそ、大仕掛けがただのこけおどしに終わらない。この新作でウエルベックはゆるぎない文学的土台を築いたというべきだろう。

（中村佳子訳、角川書店、二〇〇二年）

（『日本経済新聞』二〇〇二年十月二十七日）

「隠す」ことと「見せる」こと

ダニエル・アラス『なにも見ていない――名画をめぐる六つの冒険』

マグダラのマリアの髪はなぜあれほど長いのか。

裸体を隠すため、というのは皮相な解釈で、彼女の髪は実は女性のシンボルにほかならず、秘部のヘアーを隠しつつ暗示しているのである。「隠す」ことと「見せる」ことを両立させるマリアの髪の両義性は、彼女の存在そのものにも及ぶ。悔悛した姿とかつての娼婦性を同時に表す彼女の像は、罪の女イヴと聖女マリアを「つなぐ」扉なのだ。

十五頁にも満たないあいだに、かくも密度高い論が展開される。謎解きのスリルあふれる語り口は一気に読ませてしまう。

デル・コッサの「受胎告知」にベラスケスの「ラス・メニーナス」、六枚の名画論はどれも創見に満ちているが、ティツィアーノの「ウルビーノのヴィーナス」論は、この絵がピンナップだと喝破しつつ「見る」ことと「触れる」ことの対立に説き及んで絵画の本質をえぐりだす。ドラマチックな対話体が魅力的。

（宮下志朗訳、白水社、二〇〇二年）

（『朝日新聞』二〇〇二年十二月八日）

「肉食のパリ」を生々しく描く

エミール・ゾラ『パリの胃袋』〈ゾラ・セレクション2〉

その昔、パリのタバコの代表格ゴーロワを一口吸って、強さに驚いた。まさに肉食文化のタバコ。その「肉食のパリ」が生々しく描かれる。

十九世紀中葉から百年間、パリのど真中に「丸々と膨らんだ腹」を横たえ、美食都市の全食材を賄ってきた「パリの胃袋」こと中央市場は、巨獣さながらの生命活動に忙しい。

ここでは五感のすべてが沸騰している。野菜棟ではサラダ菜やレタスが「緑のあらゆる音階を歌いあげ」、魚棟では金色のサバやら銀色のサケやら、海の宝石箱をぶちまけたような色彩の氾濫。と思うと、チーズの腐臭から血なまぐさい臓物の臭いまで、匂いの饗宴もすさまじい。

この市場界隈で暮らす人々は獰猛な「太っちょ」ばかり。「痩せっぽち」を貪り食って肥え太ってゆく。彼らの敵意に翻弄される主人公は、「太鼓腹のパリ」に食われる犠牲者なのだ。「体質」作家ゾラの筆さえる弱肉強食のドラマ。

（朝比奈弘治訳、藤原書店、二〇〇三年）

（『朝日新聞』二〇〇三年五月十一日）

人を意識下へ運ぶ魂のまどろみの物語

稲葉真弓『風変りな魚たちへの挽歌』

河のある故郷の日々を綴った四編を収める作品集。「風変りな魚たちへの挽歌」「水の祭り」「青に佇つ」「帰郷」と、全編に水の匂いが満ちわたる。

故郷の町は、実はどこにもない水の町なのだ。「その河の水は、生まれた時から私を、外へ外へと誘う水だった」と「水の祭り」の娘は言う。確かにその河は、土のように「根を張るもの」からひとを解き放ち、漂流に誘う。

けれども、その水の流れは彼女を東京に運んでいったというより、むしろ太古の昔から湧き出ずる「水の故郷」に返してゆくのではないだろうか。若者が去った田圃《たんぼ》の真中に工場が建ち並ぶ一九七〇年代の地方風景を読みながら、読者はレトロな懐旧とはまるでちがう感覚に浸されてゆくからだ。

そう、ここに流れる水は平地を流れる河ではなく、下へ下へと滴り落ちて、ひとを地下へ運ぶ水なのだ。事実、ここにあるのはすべて何らかのかたちの「落下」の物語である。ポーのように、淵へと沈みゆく葬列の物語。魚を愛して水死する男、心を病んで河辺にたたずむ男、どの人物も確かな現実の輪郭を溶かされて、あらぬ場所に漂う亡者のはかなさをたたえている。土と泥と湿った草の匂いを放ち、「青白い月の光」に似た「ぬめった魚の腹」が見渡す限りつづく不気味な河は、わたしたちを見知らぬ地下水脈へと運んでゆく。夢や亡霊につきまとわれた、意識下の場所に。

滴り落ちるこの水の流れはあくまでもゆるやかだ。激流も奔流もなく、うつらうつらと眠りに似た律動にたゆたいながら、いつしか魂は沈む世界にひきこまれてゆく。劇的であるはずの死さえもがここでは激しさを失う。「水のほとりで人はまどろむ」と語ったのはバシュラールだが、別離も性愛も、このまどろみのなかで何と「熱さ」から遠いことか。決してたぎることをしない水。稲葉真弓のウオーターランドが茫々と広がる鮮烈な作品集。

（河出書房新社、二〇〇三年）

（『中日新聞』二〇〇三年六月二十九日）

妻という批評家から見た明治の中年小説家

中島京子『FUTON』

妻ほど恐いものはない。世間の知らない夫の姿を知る妻は「夫の批評家」だ。世に自然主義の始祖といわれる田山花袋の『蒲団』を、この妻の視点から書きかえるとどうなるか——この着想が何より抜群。

女弟子に横恋慕したあげく蒲団に顔を埋めて泣く明治の小説家が、「若い女にもてたい」ふつうの中年男になって、にわかに身近に迫ってくる。ダサイけど憎めない中年男。そうか、花袋って「中年」小説家だったのだ！

男だけじゃない。臙脂の袴で時めいてインテリ男を泣かせた「新しい女」だって、結局「ふしだらギャル」の始祖だったのだ。妻は千里眼なのである。

さらに唸らせるのは、アメリカ人の現代版「蒲団」先生を登場させる仕立て。おかげで男と女の百年の恋愛史がカルチャーショックまじりの新鮮さで見えてくる。そのおかしさと哀しさ。

かくも手のこんだ仕掛けを一気に読ませる筆力はとても新人とは思えない。


（講談社、二〇〇三年）

（『朝日新聞』二〇〇三年七月二十七日）

知の流行の数々を明瞭に示す

ジョナサン・カラー『1冊でわかる　文学理論』

素っ気ないタイトルからは想像もできない中身の濃さ。ディコンストラクション（脱構築）や精神分析といった文芸批評の「概説」を期待すると、みごと裏切られてしまう。

それらの理論はいったい何を問うたのか——本書の主題はまさにこれだからだ。フーコーの「性の理論」とデリダの解体批評を例にとった冒頭チャートは、胸すく明快さ。重要なのは「問い」であって「答え」ではないという文学研究の本質が手にとるように良くわかる。しかもその文学研究がなぜカルチュラル・スタディーズを招来したのか、その必然性も明瞭そのもの。物語の理論という解釈学といい、批評の対象は広領域にわたり、すでにしてそれらは文化研究であったのだ。なるほど。

妙な比喩だが、恋が終わってはじめてその真相がわかるように、一時代を席巻した知の流行の数々がくっきりと視《み》えてくる。実に良くできた「現代思想早わかり」である。

（荒木映子・富山太佳夫訳、岩波書店、二〇〇三年）

（『朝日新聞』二〇〇三年十一月九日）

未邦訳テクストで編まれた小「バルト読本」

ロラン・バルト
『新たな生のほうへ　1978-1980』
〈ロラン・バルト著作集　10〉

逝ってからほぼ四半世紀、『ロラン・バルト著作集』全十巻の刊行が始まった。刊行のトップを飾ったのは、最晩年の仕事を集めた、この第十巻である。周到な解説や年表と共に本著作集の全容が紹介され、これだけでも小「バルト読本」の感がある。未邦訳のテクスト群を年代順に編んだ編集で、稀有な批評家の生涯を「折りふしの記」と共にたどることができる。インタビューなど話し言葉が収められているのも魅力的で、「声の人」バルトに似つかわしい。

母の死に続く三年間、喪の悲痛から新生の光へ向かう月日のなかで遺した言葉の数々は、断章という形式を偏愛したバルトだけにどこを開いても発見があるが、読みどころの一つは小説「新たな生」執筆に向かう模索の跡だろう。愛、喪、夜の関係、隠遁、パスカル、聖書——八葉の手書き草稿に遺された言葉の断片は、つきぬ魅惑を秘めた謎のように、読者の読みを誘発してやまない。

（石川美子訳、みすず書房、二〇〇三年）

（『朝日新聞』二〇〇四年一月二十五日）

三島由紀夫に霊感を与えた詩人その生涯の転回を描く

田之倉 稔『ダヌンツィオの楽園――戦場を夢見た詩人』

夏の日のフィレンツェ、人影もまばらなピッティ宮殿に足を運ぶと、衣裳博物館は誰の姿もない。薄暗がりのなか、昔日の雅びを語る貴婦人たちのドレスの列を通りすぎ、出口にさしかかった時、一着の紳士服が眼に飛びこんできた。細かな白黒チェックの粋な三つ揃いは新品さながらの格好良さ。横に「ダヌンツィオ蔵」の文字が見えた。一九一〇年代、とある。思わぬところで探していた古書に出会ったように胸がときめいた。

モダンをきわめたこの背広を着こなすには、どれほどの洒落心が要ったことだろう。すらりと細身で上から下まで白黒のその服は、舞台衣裳のように派手だった。一九一〇年代といえば、まさにダヌンツィオのパリ「亡命」時代。パリ社交界の貴婦人を籠絡して「イタリアの誘惑者」の名を馳せた時期だ。粋な背広は、希代の伊達者の在りし日の姿をありありと偲ばせた。

だが、それから数年後、第一次大戦とともにダヌンツィオは人生の衣裳をがらりと脱ぎ変えてしまう。美女を愛したこの耽美派詩人は、大戦を機に情熱の対象を女から「戦争」へと移したのだ。

この「《ドン・ファン》ダヌンツィオの大いなる転回」をつぶさに追い、その数奇な生涯を描いたのが本書である。

一九一九年九月、赤いフィアットに乗りこんだダヌンツィオは二百名あまりの義勇兵を率いてイストリア半島にある都市フィウメ（現クロアチア領）に進軍した。ハプスブルク帝国下で栄え、当時はハンガリアの管轄下におかれて紛争の火種となっていたこの港湾都市をイタリアの手に奪還するのが目的である。スローガンは、「フィウメか、しからずんば死を」。

愛国心に燃える義勇兵たちは、モダンな「国民車」フィアット上で勇姿を誇る司令官ダヌンツィオに熱狂した。詩人は、かれらの熱狂を煽りたてる演劇的才能をいかんなく発揮しつつ、自らもヒロイズムに酔う。

「この狂った、卑劣な世界でいま、フィウメは自由の身となった。この狂った、卑劣な世界で、ここに唯一純粋なものがある。それがフィウメである。唯一の愛、それがフィウメである！」

詩人の言葉は呪術的な力を放って群衆を陶酔させた。

かくして、今や軍服を着た詩人は憂国の英雄となる。ムッソリーニと渉《わた》り合い、死を賭して敵地の上空を飛行機で脅かし、毎日の儀礼のごとくバルコニーに姿を見せて待ち受ける群衆に檄をとばした。その魔術的演説は「エイ、エイ、アララ」の雄叫びで終わり、群衆は「フィウメ万歳！」の歓呼で応え交わす——こうして一年四カ月にわたったフィウメ占領の日々こそ、この耽美派文学者の生涯の「楽園」であった。

武は文より高く、戦争の戦慄は官能の悦楽に勝り、大義に死す殉教こそ至高の法悦なのである。こうしてみれば、このイタリア詩人が三島由紀夫に霊感をあたえたのは明白すぎるほどに明白だろう。「聖セバスチャン」への惑溺にはじまって、ヒロイックな武装決起に至るまで、まさに彼ダヌンツィオこそ三島に範をあたえた文人なのだ。二人の交わりの軌跡を綿密にたどり、くわえて詩人に私淑した知られざる在伊日本人・下位《しもい》春吉の存在を明らかにしたのも本書の功績だ。ファシズムの熱狂には確かにインターナショナルな系譜学が存在するのである。

けれども、「功績」などという堅苦しい言葉は本書にいかにもそぐわない気がする。「その文学作品以上に華麗で、尽きることのない興味をおぼえさせる」この奇矯な文学者の途方もないユートピアを小説のように面白く読ませる語りこそ、本書のこよない魅力だからだ。

あとがきに、「ダヌンツィオ論を避け」、「読むものを夢中にさせる読み物に仕立てようとした」とある。著者の狙いはみごとに成功しているのではなかろうか——イタリアの旅を終えた夏の名残りのなか、本書に出合ったわたしはまたしても偶然の符合に胸がときめいた。読み始めると夢中になって、最後まで一気に読んでしまった。

その「語り」は、ちょうどダヌンツィオと正反対である。余計な修飾語も感情移入もない、透明なスタイル。その透明性は、装飾過多の詩人の過剰性を伝えるのに実にふさわしい。たとえばマリオ・プラーツの『肉体と死と悪魔』がそうであるように、往々にして耽美派文学を論じる書物は語る対象に似た文体を採ってしまう。

おそらく著者は意識的にこれを排したのではないだろうか。歪んだ像を映すのに、鏡が歪んでいてはならない。シンプルでいながら臨場感あふれる語りはダヌンツィオのグロテスクな異貌をまざまざと映し出している。要あって読み返した代表作『死の勝利』は、「時代がかって」黴臭《かび》かった。文学史から忘れられたそのダヌンツィオが見事にモダンな像を結んでいる。

欲を言えば、一つだけ極私的なないものねだりがある。ダヌンツィオ率いる愛国主義者たちは悪名高い黒シャツに身をつつんでいた。この詩人もまたファシズムの「黒の美学」に傾倒したのだろうか。三島のごとき制服への惑溺は？　隠棲の館の「ダヌンツィオ様式」など、彼の人生の舞台と小道具が生き生きと語られているだけに、「楽園の制服」の在り様にももっと踏みこんで欲しかった。

そう思わせるのは、ピッティ宮殿に眠るあの伊達な衣裳のアウラのせいかもしれないけれど。

（白水社、二〇〇三年）

（『論座』二〇〇四年一月）

原詩の精緻な技巧性を映す端正な新訳

ピエール・ルイス『ビリティスの歌』

フランス人を色情狂と評したのは金子光晴だが、世紀末詩人ピエール・ルイスはさしずめその筆頭だろう。この好色詩人はしかし、ギリシャ学に勤しむ反俗の学究でもあった。『ビリティスの歌』はこの双面の詩人の代表作である。すでに鈴木信太郎、生田耕作らの名訳があるが、ギリシャ詩の碩学の手になるこの新訳は、原詩の精緻な技巧性を映して端正きわまりない。

小アジアで少女時代を過ごしたビリティスはレスボスの女となり、そこからキュプロス島に渡って神殿娼婦に身をやつす。訳詩はこのエロス三態を描きわけて見事である。少女の媚び、レスボスの遊惰、そして娼婦の頽廃が、艶《えん》なる化粧にも似た詩句とともに、しなをつくってゆく。精巧な肉体パーツの描写は「被写体」のバーチャルな魅惑をたたえてもいる。詩人は写真狂でもあったのだ。

訳者には大部なルイス伝『エロスの祭司』があるが、その研鑽を思わせる訳業である。

（沓掛良彦訳、水声社、二〇〇三年）

（『朝日新聞』二〇〇四年二月一日）

近代小説が描く肉体論じる

ピーター・ブルックス『肉体作品——近代の語りにおける欲望の対象』

原題は《ボディ・ワーク》。副題に「近代の語りにおける欲望の対象」とあるとおり、バルザックやゾラからヘンリー・ジェイムズ、さらにはデュラスに至るまで、近代小説に描かれる肉体を跡づけた労作である。

近代は、ルソーの『告白』に始まる。告白とともに肉体はプライバシーの場におかれ、私の秘密の源泉と化したのだ。この「小部屋の秘密」(フロイト)を知りたいという好奇心、窃視のエネルギーから近代小説が生まれてゆく。秘めおかれた女の肉体は、「肉体の物語」を誕生させたのである。女を「見る」ことはその謎を明るみにだすことであり、「表象するとは描写すること」にひとしい。本書の帯に、「ナナは最後まで脱いだのか」とあるけれど、これは読者の興味以上に作家たちの創作欲の根源をついた言葉と言ってよいだろう。ゾラやバルザックの小説には、「見るという行為にまつわる官能のうずき」が熱くたぎっている。

近年のフェミニスム批評を良く踏まえたブルックスの論はしかし、むしろ意想外な作品にふれたところで異彩を放つ。たとえばゴーギャン論。画家がタヒチの地に見出した穏やかな肉体は、過剰に官能化された西欧のボディ・ワークの「外」を指し示している。

『フランケンシュタイン』論も刺激的だ。いったい彼はどこからやって来たのか？　この怪物は、プライバシーと共に生まれた「好奇心」の私生児であり、知識欲が生み落とした忘れ難い「言語の肉体」そのものなのだ。こうしてポルノとグロテスクが同じ近代の系譜上にみえてくる。

それ以上に、最後を飾るデュラス『愛人』論の秀逸さ。欲望され、見られる「私」は、時に「少女」と三人称で呼ばれたり、もうひとりの少女を見る「眼」になったりしつつ錯綜した性関係を創りあげてゆく。ここへきて女の肉体は単調な受動性を脱するばかりではない。デュラスは「愛人」を非人称化して、女の欲望に男を隷属させさえしたのである。何と狡智にたけた肉体作品であろう。

最後まで飽きさせない構成が見事である。（高田茂樹訳、新曜社、二〇〇三年）

（『日本経済新聞』二〇〇四年二月八日）

アニータ・ブルックナー
『ある人生の門出』
〈ブルックナー・コレクション〉

オンナ博士の寂寥感

現代イギリスを代表する女性作家の自伝的色彩濃いデビュー作。

身勝手な両親のせいで青春を失った娘というと、アダルトチルドレンという語がうかぶが、そんなカタカナにはない寂寥感をにじませるのがこの英国作家の魅力である。

作中、ヒロインの孤独感を際立たせているのがバルザック研究者という職業だ。バルザックによって人生が「悪者の勝者」と「善良な敗者」とからなることを教えられた彼女は、男の愛を弄ぶ勝者になりたいと憧れるが、夢はかなわない。男には恵まれずに研究業績だけは認められて教授職に就くのである。その人生の門出のさびしさ。

まったく、オンナ博士ほど「色」から遠いものもない。「学者で、威厳と勇気をそなえている女性」が求めているのは、「それほど自立してない女たちがもとめるのとおなじ栄養と保護」、つまり恋なのだ。

全国の女性研究者、心して読まれたい。

（小野寺健訳、晶文社、二〇〇四年）

（『朝日新聞』二〇〇四年三月二十一日）

小説の謎をめぐる旅

鈴村和成『ヴェネツィアでプルーストを読む』

プルーストの『失われた時を求めて』は、パリを舞台にしつつ、さまざまな異邦の地を呼び寄せる「土地の物語」であり、すぐれて水辺の物語である。

花咲く乙女たちが群れ集うリゾートの海辺もそうだが、なかでも特権的な位置を占めるのはヴェネツィアだ。世界で唯一、仮象と実在が共存し、「海がゴシック」となるのがこの水都だから。そこでは小説と人生、虚構と現実、過去と現在、像と物、マスクと顔が分かちがたく結ばれあい、運河の迷路にも似た網の目をおりなしている。

その流れに運ばれて、ノルマンディーからオランダ、スイスのレマン湖畔、そしてヴェネツィアへと、水の旅が綴られてゆく。

それはまた小説の謎をめぐる旅でもあり、現在のうちに過去が嵌《は》めこまれたヴェネツィアはそのまま「失われた時」の構造に重なると著者は言う。

紀行と小説論のあわいを揺れつつ、不実な波音を響かせる水の書物。（集英社、二〇〇四年）

（『朝日新聞』二〇〇四年四月十一日）

竹西寛子
『陸は海より悲しきものを——歌の与謝野晶子』

「情熱の歌人」の「哀しみ」を辿る

寂寥感、哀感、疲労感——情熱の歌人として名高い与謝野晶子はこうした感性とはおよそ無縁なイメージが強い。ところが、三、四十代の歌集を細心に読み重ねると、「哀《かな》し」「寂《さび》し」「淋《さび》し」といった語の多用に驚かされる。確かにそこには、鈍色《にびいろ》に染まった「塞《ふさ》ぎ」の世界がわだかまっているのだ。いったい何ゆえの、いかなる悲哀なのだろう……。

こうして著者は、世に評されることの少ない晶子の「悲しみ」を歌に訪ねる旅に出る。出立をうながしたのは、『みだれ髪』からおよそ二十年後の歌集『草の夢』中の秀歌。「いさり火は身も世も無げに瞬きぬ陸は海より悲しきものを」。

記憶の底にゆらぐ歌に照らされて、海よりも悲しい陸の、沈鬱な旅が辿られてゆく。夫鉄幹亡き後の挽歌集『白桜集』に至るまで、この恋の歌人の奥深さ、魂の振幅の大きさに目をみはる思いがする。

薄暮の秋に似つかわしい心の遠景は、竹西寛子ならではのもの。

（筑摩書房、二〇〇四年）

（『朝日新聞』二〇〇四年十月十七日）

人はみな偶像崇拝者

吉川一義［編著］

『プルースト「スワンの恋」を読む』

あらゆる恋愛は似通っている。おそらく恋はただ一つの恋の模倣ではないだろうか。それまでは行きずりの人にすぎなかった女にとつぜん謎のヴェールがかかり、いつしかこの世ならぬオーラをおびた偶像と化す……。

長大な『失われた時を求めて』から一節を抜粋するとすれば、「スワンの恋」ほどふさわしいものはないだろう。果てない語りのなかでこれだけが三人称仕立ての独立した物語をなしているからというだけでなく、この恋物語がすべての恋愛の雛型になっているからだ。ひとりの女が「いかにして」フェティッシュな偶像へと変身をとげるのか――スワンの物語はこの謎をスローモーションを思わせる精密さで語り明かす。

その語りに運ばれて、読者の前に世紀末パリの有閑階級の遊惰な世界が繰り広げられてゆく。恋愛の原型は時と国境を越えてただ一つだが、その「いかにして」の様式は千差万別であり、一つとして同じものはない。読者はここでスワンの様式に立ち会うのである。

「裕福なユダヤ系ブルジョワジーに属する株式仲買人の息子で、典型的な《高等遊民》である」スワンは、「たいへんな教養人」であり、その恋にはさまざまな芸術が参与する。まずはじめにあるのは音楽だ。ある夜会で耳にしたピアノの楽節はいいしれぬ悦楽の約束のように響く。音楽をとおしてスワンは「恋に恋する」のである。それに続くのは、眼の悦楽。稀代の絵画愛好家スワンは、女の姿がボッティチェリの名画に描かれた女性に似ているのに気づく。そのとき彼はもう取り返しのつかぬ恋におちているのである。恋するとはまさしく「像」に焦れることなのだから……。

こうしてわたしたちは、世紀末パリの遊民のハイブロウな趣味世界にひたりつつ、同時に恋愛の原型にふれる。ヴァントゥイユのソナタを別のサウンドに変え、ボッティチェリの名画を別のメディアに変えてみれば、まさしくスワンの恋は万人の恋の原型ではないか。実に人はみな「像《イメージ》」に恋する存在なのである。

それにしても、恋の刻一刻を伝えてゆくプルーストの語りの妙技。この対訳テキストがなければ読み落とすにちがいない語句の一つ一つを丹念に味わう贅沢は、極上の一品を味わうそれにも似ている。このレシピの製作者はプルースト研究の第一人者、わたしたちは安心して差し出された美味を味わえばよい。しかもこの饗宴は、俳優デュソリエによる朗読のＣＤつきという贅沢さ。

そう、まさしくプルーストは一つの声である。プルーストの翻訳者ベンヤミンがそうであったのと同様に。

薄暮の秋にいかにもふさわしい声の贈り物がここにある。

（白水社、二〇〇四年）

（『ふらんす』二〇〇四年十月）

女たちの孤独を見つめる作家の達成点

稲葉真弓『私がそこに還るまで』

「あああ、ああ、どうしてこんなところに辿りついてしまったのだろう」。身寄りのない老女が、病院のベッドの上、薄れゆく意識のなかでうめく。高度成長のなか、「何十夜もの闇」を走りぬけてきた。節くれだった手は男も愛したけれど、結局独り。

夏休みの一日、お台場の観覧車に乗って空に浮かび、母にとり憑いた「一生懸命」から逃げようとする少女もまたひとりぼっちだ。「絶え間なく体の中で呟いているものが息苦しくて」、街に火を放ちたくなる女のこころの凄惨さ。

二十一世紀の夜の底に、ロンリー・ウーマンたちの声にならない叫びが満ちわたる。闇に吠えるようなその悲しみは、名指すべき敵の名もなく、ひたすらおのが身をえぐる。「還《かえ》る」場所などありはしないのだ。

負け犬などという言葉では語りえぬ魂の哀しみ。読み終えて、深いところから涙がこみあげてくる。女たちの孤独を見つめてきた作家の達成点を示す短編集。

（新潮社、二〇〇四年）

（『朝日新聞』二〇〇四年十一月二十一日）

昭和十年代の芸術界を映す

西川正也『コクトー、1936年の日本を歩く』

ジャン・コクトーの日本滞在はあまり知られていない。一九三六年、『パリ・ソワール』紙の企画による「八十日間世界一周」の旅に出た詩人は、アジアの国々に立ち寄った後、日本に降り立って七日間を過ごした。本書は、旅行記『世界一周』をはじめ様々な資料を精査しつつ、鬼才の見た「日本の印象」を紹介してゆく。

「僕の精神は一日滞在しただけで、普通の人が五日も七日も滞在したと同じほどのものを見る。だから、僕の滞在は、一日いるか、一年いるか二つにしか意味はないのだ」――案内を務めた堀口大學に語った言葉は、いかにもこの「快速」詩人に似つかわしいが、彼の素早い眼が見たものは、祇園の芸者に明治神宮、菊五郎の「鏡獅子」に大相撲、南画院展と前衛絵画展、さらにフジタの案内による浅草と吉原と玉の井。

大震災の復興後、活気あふれる浅草の雑踏に驚嘆したコクトーは、東京の都市を「どこまでも伸縮する足を持った大蛸《おおだこ》」だと言う。相撲の力士は「薔薇色の牡牛」。ニジンスキーの肉体を愛した詩人ならではの比喩である。最大の感銘を受けたのは菊五郎演じる「鏡獅子」で、歌舞伎の舞台に崇高な「祭祀性」を感じとった彼は、「菊五郎の芸の秘密は《重量》だ」と喝破する。伝統という重量が、その身振りに落下の「加速度」を加えて「地中に深く突き刺さる」と。

アフォリズムの天才らしい才気は他にも多々あるが、それだけでは、すでにバルトの日本印象記『記号の国』を知る私たちには衝撃力が薄い感は否めない。本書の読みどころはむしろ「コクトーと日本の芸術家たち」と題された後半部だろう。終生コクトーに敬愛を捧げた名翻訳者の堀口大學を筆頭に、佐藤朔、林芙美子、芹沢光治良、堀辰雄らの文学者から、フジタや東郷青児、さらには若き洋画家にいたるまで、コクトー来日の機に芸術家たちが見せた、熱狂から傍観までのさまざまなる態度は、昭和十年代の日本芸術界を新鮮な切り口で見せてくれる。

知られざるコクトーと語られざる日本の二つが同時に見える、比較文学専門の著者ならではのアプローチが斬新。

（中央公論新社、二〇〇四年）

（『日本経済新聞』二〇〇四年十二月五日）

見ても読んでも愉しい図鑑

『けさの鳥』

山岸哲〔著〕　**田中光常ほか**〔写真〕

落葉とともにバードウォッチング全開の季節到来。タイムリーな出版だ。

写真が素晴らしい。北海道から琉球諸島まで、日本各地で記録された三百三十三種の鳥たちが得意のポーズを決めている。見るだに心が空に遊ぶ。

生息地別の分類も大変ありがたい。絶滅が危惧される「稀少な鳥」もさることながら、山地の鳥、草地の鳥、水辺の鳥、里の鳥と、大まかな分類が初心者に親切である。くわえて、二百字にも満たない一筆書きで鳥の「文化」を語るエッセイの素晴らしさ。

『伊勢物語』に登場する「都鳥」はユリカモメで、ミヤコドリはまた別の鳥だという。あるいは、「飛ぶ宝石」の名をもつカワセミ。漢字で「翡翠」と書くが、これは宝石が鳥に喩《たと》えられたのであって、その逆ではない。あっと教えられて、もう一度写真に見入る。黄と黒のダンディな羽色をしたキビタキは「東男」だとか。

見ても読んでも実に愉しい図鑑である。

（朝日新聞社、二〇〇四年）

（『朝日新聞』二〇〇四年十二月十二日）

ルネサンスの「肉体」を暗転させて描く

サラ・デュナント『地上のヴィーナス』

舞台は十五、六世紀のフィレンツェ。絵を描くことに魅せられた織物商の娘が思わぬ結婚を機に波乱の人生をたどり、最後は修道院で命を絶つ。修道女の衣の下に「イヴの肉体」を隠して死んだヒロインの姿を暴きだす冒頭が衝撃的だ。

原題は「ヴィーナスの誕生」。ボッティチェリの絵がそうであるように、ルネサンス期は画家の描く聖母マリアが肉感的な「地上のヴィーナス」に近づいていった時代であった。

メディチ家の繁栄が招いたこの「肉体の謳歌」は、ドミニコ派修道士サヴォナローラの台頭と奢侈禁止令を招来する。その弾圧の光景が物語を暗い血の色に染めてゆく。礼拝堂での殺人、放置されて腐臭を放つ娼婦の死体、男色家たちの見せしめ的処刑――ルネサンスの肉体を「暗転」させて描く手法がさえわたる。

著者は気鋭の英国女性作家。初めての歴史小説が欧米でベストセラーとなり、映画化が決定したというのもうなずける。

（小西敦子訳、河出書房新社、二〇〇五年）

（『朝日新聞』二〇〇五年七月三十一日）

現実のちょっと上ゆく恋愛小説

林 真理子『秋の森の奇跡』

現実の「ちょっと」上をゆく小説を書かせたら、おそらく林真理子の右にでる作家はいない。

白金でイタリア家具店の店長を務めるヒロインは、名門校の教師を務める夫とのあいだに娘が一人。さる女子大の住居学科卒の彼女の交遊は、有名建築家の夫婦やら今をときめく外食産業の経営者やら、いわゆるパーティー・ピープルが少なくなく、すでにこの設定がキャリア志向の「憧れ」気分にフィットしている。

だが、そんな彼女の人生にも翳《かげ》りがさす。母の認知症に直面する日がやってきたのだ。母の介護をめぐって夫や兄夫妻とのあいだに心の溝が深まってゆく。そんな日々の苦さから逃れるように、甘い恋への欲望がつのりゆく……。親の介護も不倫も、四十代のキャリアウーマンにとって実に身近な現実である。

とはいえ、この主題なら他の女性作家でも上手に書ける。林真理子にしかできない芸当は、そんな深刻な状況にあってさえ、女性誌連載にいかにもふさわしいブランド名をはさんでゆくディテール描写だ。情事からちょっとした集いまで、外出シーンになると、ワインからクルマからレストランまで、きららかなブランド名が登場する。もちろん、服装や化粧にも。「いくらか迷った揚句、裕子はアルベルタ・フェレッティの若草色のスーツを着ていくことにした」「素材と色の美しさがさすがで、重宝する一着となっている」。

さりげない文章だが、林真理子にしか書けないのは、そのブランドものが「バーゲンで買ったもの」だということだ。現実の「ちょっと」だけしか上をゆかないこの日常感が読者に親近感を抱かせるのである。こうした現実感あふれる描写はラブシーンにもそっくり表れていて、ヒロインはいつも四十代の肌を気にして小皺やボディラインのチェックを怠らない。「中年女」の身では、無心に恋の陶酔にひたれないのだ。

けれど、恋の本質が非日常を求めて「浮つく」ものであってみれば、この恋愛小説はあまりに足が地につきすぎているといえるかも。林真理子の小説はその長所の短所をまぬがれえないということか。

（小学館、二〇〇六年）

（『日本経済新聞』二〇〇六年七月二日）

作家とミーハーの両面鮮やか

林　真理子『RURIKO』

昭和三十年代、女優浅丘ルリ子の全盛期はそのまま日活映画の全盛期である。「スター」という言葉がきらきらかにオーラを放っていた時代、小林旭、石原裕次郎、北原三枝といった大スターたちがスクリーンの内と外で華やかな恋愛ドラマをくりひろげてゆく。日本中を熱狂させた裕次郎の破格のスターぶりが鮮やかによみがえる。浅丘ルリ子は裕次郎にほのかな愛をよせつつ、小林旭を恋人にしていた。何とゴージャスな。

そう、女優ルリ子の人生を語ることはすなわち超豪華キャストの実録恋愛小説になる。それはもう、何十年分の週刊誌の圧縮版を読むような面白さ。裕次郎と北原三枝、浅丘ルリ子と石坂浩二、それぞれ電撃結婚で世間をあっといわせたカップルの素顔は？　いや、それよりも、小林旭と美空ひばりという、あの世紀の結婚の真相はいかに？

こうして有名人の私生活を小説化するとは、さすがに林真理子である。ただし文体は芸能雑誌の下品さからはるか遠く、抑制がきいて端正そのもの。「ミーハーの林真理子」と「作家の林真理子」

の幸福な結婚から生まれた作品というべきだろう。

ことに美空ひばりの描き方がいい。登場する大スターの中でも戦後最大のスターは何といっても美空ひばりである。浅丘ルリ子は小林旭の「もと恋人」、ひばりは彼の「もと妻」、二人は不思議な友情で結ばれている。神秘のヴェールにつつまれたひばりの電話の声はステージでは絶対聞けないさびしさをたたえてせつない。そのひばりの最後の大舞台を描くラストは圧巻。

だが、もの足りなさもある。これだけのスターを登場させながら、昭和という時代の匂いがしないのだ。かれらを熱い憧れの眼で見ていた「大衆」が描かれてないからである。浅丘ルリ子の視点だけで描く方法は、「時代」を語るにはズームが小さすぎるのだ。戦後の焼け跡から高度成長まで駆け抜けた昭和の光と影を、たとえば阿久悠の歌のように描いて欲しかった。だがそう思うのは、林真理子に「インテリ」であれというにひとしいのかも。インテリより美人が大事。だから浅丘ルリ子なのだもの。ね、真理子さん？

（角川書店、二〇〇八年）

（『日本経済新聞』二〇〇八年七月六日）

「島の文学」を渡る旅人の語り

今福龍太
『群島‐世界論』

百歳をむかえたレヴィ＝ストロースを寿《ことほ》ぐかのように、想像力の海図を一新する人類学の書が出帆した。カリビアン・クレオールの詩人からジェイムズ・ジョイスまで、「島の文学」を渡る旅人の語りはいつにもましてみずみずしい。

冒頭から、横溢するミシシッピー・デルタの水世界がわたしたちの肉体にふれてくる。「にごり、澱みながら、穏やかにたゆたい流れる水の氾濫」。すべてが乱反射する水の輝きにたゆたい揺らぐ。語りに運ばれてわたしたちはデルタの地下深く、はるかな水底にざわめく死者たちの声を聞く。黒人やインディオたちの、諸世紀の痛苦を帯びた声の物語。拡張と征服の論理が支配する「大陸」に亀裂を穿《うが》ち、陸と海を反転させて、「群島世界」をいまここに浮上させるのは、まさにこの死者たちだ。

カリブの島々、西インド諸島、アイルランド、どの島も「英語のヘゲモニー」をよそにして、密かな浦浦に死者たちを棲《す》まわせ、島の記憶をそれぞれの舌＝島言葉で紡ぎだす。「つねに〈語り部〉

は傍らにいた。物語る人として。入り江の潮騒ぎに向けてことばの倍音をこだまさせる者として」——アイルランドの習俗によせたこの言葉は、本書の方法そのものだ。この旅人はつねに語り部の「傍に」身をおいて、その声を伝える。こだまを感知するのはわたしたちの肉体を流れる血。血の河によってわたしたちは遠い祖先と繋がり、無意識の海を渡る。

そうして海を渡る者は、樹を渡る者でもある。どの島にもその聖樹があるのだ。「樹々が伝えようとしているのは群島の声である」。時に島人はこの樹で素朴な楽器をつくるという。その野生の音の力業を、著者と親しい群島渡りの先達、ノーベル賞作家ル・クレジオが鋭く語る。「スリット・ゴング／数世紀をこえて響き渡る強く鈍い打撃音、ひとつの島から別の島へ、大地を歩む剝き出しの足がたてるかすかな物音をひきつれてきた。／それは森から出ずる声、大地の深みから発せられる声。地下で鳴る太鼓、死者たちの声、それらが島々を結びあわせた」。

森の声に耳を澄ます敬虔な魂。その魂の見た未聞の群島世界が茫々とここに広がる。

（岩波書店、二〇〇八年）

（『日本経済新聞』二〇〇九年一月四日）

情報と金融の魔界が生む神秘

西垣 通『コズミック・マインド』

グローバル恐慌のさなか、暴走する「金融」というモンスターがいかに恐ろしいか、日に日に思い知らされているいま、それを予見していたかのような小説だ。

主人公は大手コンピュータ会社のシステムエンジニア。某地方銀行に出向して、銀行のオンラインシステム設計のリーダーを務めあげたが、人事の軋轢でリストラにあい、今は雑居ビルの一角のソフトウェア会社に左遷の身。

そこへ、その地銀が大手銀行に吸収合併される事態がもちあがり、二つの銀行のオンラインシステム統合が急務になる。だがそれを遂行するには超高度なＩＴ能力が要る。一口にオンラインシステムというが、それがいかに複雑で高度なシステムであるのか、読者はその巨大な迷宮世界に圧倒されてゆく。

しかも銀行には秘密口座があって、迷宮をさらに混迷させるその二重システムの解読・処理をめぐり、探りを入れてくる合併先の大手銀行のエンジニアと、内密処理を急ぐ地銀との間に暗号解読合戦のようなスリリングな戦いがくりひろげられてゆく。そこで、システムを作成した主人公の再出番となるのだが、作成者の彼でさえ、秘密口座をはめこんで長年作動を続けたシステムは、解読どころかアクセスさえ困難を極めてままならない。

コンピュータという「情報」と「金融」が結びつくとき、「もはや誰にも何もわからない」魔界が独走を始めるのである。読み進むにつれ、その複雑さと恐ろしさが胸に迫る。人類は何という厄介なしろものを生み出してしまったのか。ＩＴとは「パンドラの箱」だったのだ……。

だがそのパンドラの箱から最後に出てくるのが「希望」であったように、この魔界にも「命の胎動」に似た何かを感じさせる神秘的なコンピュータ・アートが登場する。流産の経験をとおして生命の哀しさと愛しさに過敏な感性をもったプログラマーのヒロインがそのアートに出会う象徴的なエピソードは、ＩＴの宇宙に潜む謎めいた霊魂＝マインドをうかがわせて、魔界を天界につなぐ。

ただの「ＩＴ小説」でも「金融小説」でもない哲学が光る。さすが碩学の作品である。

（岩波書店、二〇〇九年）

（『日本経済新聞』二〇〇九年三月二十二日）

愉悦の海にこぎ出す書

『本は読めないものだから心配するな』

管 啓次郎

本の海をわたる風が読者を旅に誘う。速度と強度に満ちた、航路のない旅。宮本常一、ジェイムズ・ジョイス、よしもとばなな……。次々と現れる島影に魅入られるうち、気がつくと、どこにもない渚にたたずんでいる。

たいていの読書論は退屈なものだ。たとえばそれが本の要約をしていたりしたら最悪。一義的な意味ほどつまらないものはない。カリブ海の青に息をのむとき、熱帯雨林の雨音を聞くとき、ブエノスアイレスのやさぐれ男の背中に見とれているとき、その意味を説く愚か者がどこにいるだろう。

ここに集められた本たちはどれもそんな意味から解放されて、著者の語りの風に舞う。だからそれらは私たちの無意識にはたらきかけて五感をゆさぶる。鼻腔をつく熱帯の匂い、猫のように音なしの詩の歩行、イースター島の沈黙の声、アリゾナの干潟にきらめく水、メキシコの夜闇の重い肌触り、私はそれらをありありと味わう。

読書の実用論であるこの書は、「知識」をあたえるのではなく、文を「経験」させるのである。ル・

クレジオ、ジル・ラプージュ、フリオ・コルタサル……。アイルランドから南米、ポリネシアまで、見知らぬ土地の作家たちの生きた言葉が私の足を濡らす。

ふと、無意識の海の深みから浮かびあがる本がある。歴史家ミシェル・ド・セルトーの『日常的実践のポイエティーク』。管啓次郎と同じく、セルトーもまた読書は記憶からこぼれおちるもの、反・蓄積の技だと言う。

「そこでかれ（読者）は密猟をはたらき、もろともそこに身を移し、身体の発するノイズのように、複数の自分になる」

そのとおり、語りのリズムにのって、わたる島ごとに複数の私を味わい、いつしか密猟者になって愉悦の海にこぎ出す。そんな恩知らずな読書こそ、この本にふさわしい。（左右社、二〇〇九年）

（共同通信配信　二〇〇九年十二月二十日〜）

読み応えある恋愛文化史

小倉孝誠『愛の情景——出会いから別れまでを読み解く』

愛は何と愚かしく、胸を騒がせる情念だろう。本書はその恋愛の諸相を、ラシーヌからドストエフスキー、夏目漱石、村上春樹にいたるまで、古今東西の小説に探った目配り広い恋愛論である。

とりあげられる作品は時代も国もさまざまだが、ある定番的な情景（シーン）を含んでいる。すなわち、出会い、接近、再会、告白、誘惑、嫉妬、別れ、そして死――この情景がそのまま本書の章だてになっているので、どこから読んでもいい。

たとえば出会いのシーン。フロベールの『感情教育』の出会いは次のように始まる。「それは幻のようであった。彼女はベンチのまん中にたったひとり腰かけていた」。幻のような女の出現は、その後の恋のゆくえを予言している。半生を費やしながら、青年の恋はついに実らぬ幻に終わってしまうからだ。徒労の恋とでもいうべきか。出会いこそ運命の一撃なのである。

あるいは、告白の章。漱石の『それから』の告白シーンは忘れがたい残像をのこす。代助は、百合の香に満ちた室内で人妻の三千代に愛を告げる。媚びのない、簡潔な言葉で。「代助の言葉は官能を通り越して、すぐ三千代の心に達した」。著者の引用にはないが、その後のクライマックスシーンをひこう。そのあと二人は「恋愛の彫刻の如く」じっとしたまま、人生の時を濃密に味わう。彼らは「五十年を眼《ま》のあたりに縮めた程の精神の緊張を感じた。（中略）愛の刑と愛の賚《たまもの》とを同時に享《う》けて、同時に双方を切実に味わった」。

どのシーンも興味深いが、最もそそられるのが嫉妬の章である。シェークスピアやプルーストなどを紹介しつつ、男の嫉妬と女の嫉妬は本質的に異なると著者は言う。論拠に引かれた斎藤環『関

係する女　所有する男』が実に説得的である。ほかにも、フロイトやルネ・ジラールなど、欲望論や身体論の知見に教えられるところ多々。読み応えのある「愛の文化史」である。

（中央公論新社、二〇一一年）

（共同通信配信　二〇一一年五月二十二日〜）

順路のない反＝美術館

港　千尋『パリを歩く』

「広場へ向かう一歩のなかに、かつてそこを通った万歩が含まれる。そのような経験についていちど考えてみたかった」――あとがきの一節が本書の関心を端的に語っている。

著者の足どりを導くのは、ルイ＝セバスチャン・メルシエのような作家もいるが、何といってもカメラをかついでパリを歩きまわった写真家たちである。かれらはこの都市のどこに惹かれ、何に惹かれたのか。ありし日の写真家の痕跡をたどる著者の歩みはおのずと探偵に似て、読者を謎解きのスリルにまきこんでゆく。

たとえば写真の発明家ダゲール。露出時間の長い写真機では歩行者を写せなかったので、彼はじっと動かぬ靴磨きの客を路上に立たせた。その客の履物は革靴だったにちがいないが、当時はサボと呼ばれた木靴もまだ多かった。サボは仕事で立ち続ける労働者用の履物だ。こうして写真家の足跡を追ってゆく旅は、社会階級のきしみに思いを馳せ、広場に向かった群衆の跡を追い、革命の記憶をたどる旅に横滑りしてゆく。

実際パリは大革命をくぐり、幾多の都市改造を経てきた。最大の改造は言うまでもなく十九世紀中葉のオスマンによるパリ改造だが、そこで大きな役割を果たした写真家がマルヴィルである。マルヴィルは、改造とともにやがて取り壊しの運命にある都市の姿を記録に残す仕事を国家に託されたのだ。その作品に影のない写真が多いのは、おそらく早朝か午後の遅い時間など、直射日光の入りこまない時間を選んでいるからだろう。そんな著者の推理はさすがに写真家ならではのものだ。そうして「薄明に包まれた街はまるで時間を欠いている」ように、永遠の廃墟の魅惑をたたえている。

こうしてマルヴィルの足跡をたずねた著者は、あるとき彼のアトリエのあった場所を知って驚く。「それはパリ天文台の南側にある幅の広い道、現在は十四区になるサンジャック大通りだった。そこはまさしく、わたしが長年住んでいる、その場所なのだった」。

写真とは、偶然の仕業をまちうけ、一瞬で偶然の恩寵を永遠に残すアートである。けれど、何の努力もしない者に偶然の女神が訪れたためしはない。長い探求が偶然をよびこむのだ。著者はマルヴィルの魂に呼ばれたのである。バリケードのことを考えながらヴィスコンティ通りを歩きつつ、革命家ブランキの本に出会ったのも、偶然の恩寵でなくて何だろう。探索しつつ歩く者は何かに呼ばれてそちらに足を向けてしまうのである。

実際、パリの通りは歩く者を呼ぶ。そこにはいつも魔の業がつきまとう。そうした魔力の一つが通りの名である。遊歩者ベンヤミンは街路の名の神話力に敏感だった。このベンヤミンの箇所にさしかかったとき、不意に評者の脳裏にセルトーの言葉が浮かんできた。通りの名はひとの無意識にふれるとこの歴史家は言う。「それにつられてつい人びとがふらりと足をむけてしまう、不思議な地名。プラース・ド・レトワール、コンコルド、ポワソニエール……。こうした星座が交通のなかだちをしている」(『日常的実践のポイエティーク』)。パリの歴史の空にかかる名の星座は無意識の深みで歩く者の足をあやつる。そうしてあやつられた人々が一つになると群衆になり、やがては騒乱がもちあがって、街路は革命の夢舞台となる……。

そんな夢の痕跡の断片をおさめたフォトエッセイは、順路のない反＝美術館だ。好きな頁から読むのがいいと思う。著者の推理をたどりつつ、きっとあなたも偶然の恩寵に出会うにちがいない。

(NTT出版、二〇一一年)

(『週刊読書人』二〇一一年八月十二日)

鬼才の素顔を惜しみなく

『澁澤龍彦との旅』

澁澤龍子

たくみな筆運びで、澁澤読みではない私でも、知らぬ間にドラコニア・ワールドに運ばれてゆく。まず一つには、夫人だけの知る澁澤龍彦の素顔を惜しみなく披露しているからだろう。旅をするのに列車や宿の予約も支払いなどまったくダメ、おまけに超のつく方向音痴。あの博覧強記の知の鬼才と、生活者としての無能ぶりと、二つの落差がほほえましい。

もう一つの楽しみは、泊まった宿と食事をした場所を実名で記し、その印象を女性誌の旅行特集のような語り口で書きとめていることだ。行きつけの京都をはじめ、若狭、熊野、平泉、飛驒高山、どの地でも趣ふかい宿の思い出を読むうち、つい同じ旅をしてみたくなる。グルメな食の印象もあざやかで、「華やかな食物誌」のルーツに触れた気分になる。

こうして読者をのせながら、絶妙なタイミングで「人」から「知」へと、ハンドルが切り替わり、書物の引用がはさみこまれる。澁澤が旅した土地がいかにしてその作品に活きたのか。読者は一転、旅から澁澤の書斎の中へ、彼の頭脳の部屋へと運ばれてゆく。よくできた澁澤入門書ではないだろうか。
それら数々の旅のなかでも、圧巻はやはり南フランスの旅、ラコストのサド侯爵の城を訪ねるシーンだろう。廃虚と化した城のそびえる丘は原っぱになっていて、一面に野の花が咲き乱れている。「ネコジャラシ、ワレモコウ、アザミ、五芒星の草、黄色い草、ポッピー……」。草むらにうずくまって、咲き乱れる野の花を夢中になって摘む澁澤の姿は「永遠の少年」を想わせる。この玩物愛あればこそ、『フローラ逍遥』といわず、数々の博物誌と奇譚が生まれてきたのだ。
ところでこのラコスト、私も数年前に訪れる機会があったが、なんと城の廃虚はピエール・カルダンの所有になって、野外劇場に使われていた。サドのブランド化である。知らずに逝った澁澤の幸運を思う。

（白水社、二〇一一年）

（共同通信配信　二〇一一年五月二十日〜）

「食」を作品に取り入れた作家

アンカ・ミュルシュタイン
『バルザックと19世紀パリの食卓』

フランスに外食産業がうまれたのは十九世紀前半、ちょうどバルザックの時代だった。

それまで王侯貴族に召しかかえられていた料理人が革命と共に独立し、レストランを開店しはじめたのである。

バルザックはこの新しい主題を嬉々として作品に描いた初の作家である。「食」は服装や住まいと同じく人物の社会的ステータスを表し、時には運命さえ決してしまう。美食小説『従兄ポンス』の作者は語る、「食卓で身を滅ぼした人の数ははかりしれない。その点においては、パリの食卓は高級娼婦のライバルといえる」と。

実際、当時のパリは美食の巷《ちまた》だった。通好みの「ヴェリ」や牡蠣で名高い「ロシェ・ド・カンカル」、水いらずで楽しめる個室が魅力の「カフェ・リッシュ」など、『人間喜劇』の名士たちは豪華なレストランで宴をはっている。

その一方で、貧しい文学青年が通ったソルボンヌ付近の食堂「フリコトー」も忘れがたい。安くて実質があるこの店は、思想青年や職にあぶれたジャーナリストたちのゆきつけの場で、そのうち時流にのった連中は、一転、豪勢な店で気炎をあげた。レストランのランクはそのまま身の浮沈を表していたのである。

さて、作者のバルザックといえば、決して美食家だったとは言えない。そもそも一日一五時間も執筆する彼に美食を堪能する時間があるだろうか。まさに極端な「粗食と過食」が常態だった。濃いコーヒーをがぶ飲みしつつようやく原稿を仕上げると、さっと「ロシェ」に飛びこみ、何ダースもの牡蠣や肉料理をたいらげてゆく。すごい額にのぼる勘定書は編集者に送りつける。でなければ、店や名料理人の名前を作中に書きこんで、「名誉代」で支払うか。

そうして『人間喜劇』に不朽の名を残したのが、パリに冠たる美食の総合プロデューサー、シュヴェである。彼の店にはカレームはじめ名だたる料理人が集まるアトリエもあり、そこは政局筋に近しい「内閣」でもあった。

内閣とはいかに——と思う読者はどうぞ本書を。下手な料理の歴史本よりもずっと面白い。

（塩谷祐人訳、白水社、二〇一三年）

（『日本経済新聞』二〇一三年三月三日）

人物を伝説化する語りの技法

ミシェル・ウエルベック『地図と領土』

ウエルベックはわが国ではあまり読まれない作家だが、ポルノまがいのスキャンダラスな話題作『素粒子』以来、フランスではたえず論議を呼びおこす鬼才だ。その彼がついにゴンクール賞をとった記念碑的作品が本書である。

主人公の画家マルタンもまた異端の画家だが、読者の興味をかきたてるのは、意表をついた絵画手法もさることながら、アートの市場価値という主題である。ウエルベックの世界では何事もきれいごとではすまないのだ。いったい絵画の値段はいかなるメカニズムによって決まるのか——こうしてアートとビジネスが一体となって展開するスピード感あふれる筋運びは、サスペンスに満ちて読みだすととまらない。

幾重もの狡智にみちた作者は、作品の語りを重層化して、主人公の死を二〇四六年に設定し、そこから現在を回顧する語りを随所に挿入している。このひねった語りは、作品に不可思議な奥行きをあたえるとともに、人物を伝説化するのにうってつけの手法ともなっている。

それというのも、マルタンは無から成功した画家として伝説の人物になるからだ。たとえば、後に彼の代表作となった肖像画「ビル・ゲイツとスティーヴ・ジョブズ、情報科学の将来を語りあう」——というふうに、現在を語りつつ、同時にそれを伝説化してゆくナレーションの技はさえわたっている。

それ以上の超絶技法は、ウエルベックが自分自身を作中人物として登場させ、その伝説を語ってゆく技法であろう。あの『素粒子』の作家とか、あの『プラットフォーム』の作家というように自分の作品名をちりばめて自己広告をはばからないのもウエルベックならではである。いささか露悪趣味的な老残の姿の描写もまた彼らしい。

こうして交錯する二人の人物の生涯は、衝撃的なラストをむかえて終わるが、全篇にただよっているのは、あらゆる土地も芸術も市場化してゆく資本主義マネーの暴力にたいする寂寥感に満ちた諦念である。

それにしても、タイトルの「地図と領土」とは？　それは読んでのお楽しみ。いきなりウエルベックの異能にうなるにちがいない。

（野崎歓訳、筑摩書房、二〇一三年）

（『日本経済新聞』二〇一三年十二月二十二日）

父が愛した女優めぐる彷徨

エリック・フォトリノ『光の子供』

映画スタジオの写真家を父にもった男は自分の母親を知らない。わかっているのは、父が制作にかかわった幾多の名画を演じた女優の誰かが母かもしれないということだ。いったい父が愛した女優は誰だったのか。ジャンヌ・モロー？　アヌーク・エーメ？　それともオードリー・ヘプバーン？　いや、ほんの端役女優なのかもしれない。

父の書き残したメモのなかにはN・Vのイニシャルがあった。いったい何を指しているのか。すべては薄闇の中にたたみこまれて、光からへだてられている。

光の子は影のなかに置きざりにされたまま、あてどない彷徨を続けてゆく。今日もまた仕事のランチをぬけだして、ムッシュー・ル・プランス通りの映画館でもう何度も見たトリュフォーの『大人は判ってくれない』を見ている。

こうして作中にちりばめられたヌーヴェル・ヴァーグ全盛期の作品の数々は映画ファンにはこたえられない。『突然炎のごとく』『いとこ同士』『情事』『夜』『太陽はひとりぼっち』『死刑台のエレベーター』……。邦訳タイトルの「光」は、リュミエール、すなわち自然の光でもあり、同時に撮影照明の光でもあるだろう。「光の子」は「映画の子」なのである。

こうして読者もなかば薄闇に身を沈めつつ映画と小説のあいだを行き来してゆくのだが、映画は現代のパリを忘れさせて、往時のパリの雰囲気に運んでゆく。映画館のあるムッシュー・ル・プランス通りはひっそりと中世の面影を残す通り、父の家の在るサン・ルイ島はパリの中のパリともいうべき昔ながらの静謐さをたたえて現代都市の喧騒を忘れさせ、レトロなパリの魅惑をかもしだす。父の愛用したカフェ、フロール・アン・リルはセーヌに面した大きな窓からふりそそぐ光が甘美な幸福感に包みこむ。「父のいつもの席」に腰かけた子の耳に父の言葉が聞こえてくる。

「ドラマティックな照明なんてダメだ。光は正確じゃなきゃいけない」。父は夜に会った女の顔など信用していなかった。「情け容赦のない真昼の太陽のもと」でこそ、「女の顔は正直」な姿を見せる。父は光の魔術師であった。この不在の魔術師の呪縛力はいつまでも息子を「影」の囚われ人にしてしまう。

男はいかにして影の中の彷徨にピリオドを打ち、自分の道を歩きはじめるのか。そして、その影に映るあの女の正体は？　サスペンスによって頁をめくらせ、しかも文章はつねにフランス的繊細さに満ちている。さすがはフェミナ賞受賞作である。

（吉田洋之訳、新潮クレスト・ブックス、二〇一四年）

（『日本経済新聞』二〇一四年十二月二十一日）

短歌も日記も「即興」に本質

ドナルド・キーン
『石川啄木』

石川啄木は、明治に生れながら、現代に生きる私たちの心にそのまま響く歌をのこしたおそらく唯一の歌人である。本書は二十六歳の若さで逝ったこの非凡な詩人の生涯をたどった密度濃い評伝である。膨大な資料を駆使しつつ一行の無駄もなく明晰で、しかも生彩あふれる文の運びは、倨傲《きょごう》にかまえたかと思うと翌日には絶望感に沈む矛盾に満ちた詩人の感情生活をあざやかに描きだす。

渋民の故郷を離れて転居に次ぐ転居を重ねた啄木は流浪の詩人でもあった。函館から小樽、釧路と、最北の街の風光を背景に、一筋縄ではゆかない啄木の複雑な人間関係を語るルポルタージュにも似た数章はことに印象的だが、『一握の砂』の名高い冒頭歌に詠まれた「砂」が函館の砂であったことをさりげなく教えられたりして、興趣はつきることがない。

名著『百代の過客——日記にみる日本人』の著者であるキーン氏は、続編の近代篇ですでに啄木の日記の魅力にふれ、ことに『ローマ字日記』の「赤裸な自己表現」を高く評価している。なぜローマ字が選ばれたのだろうか。「妻に読ませたくない」からだと言うが、同時に啄木は自分の真実を書きたいとも思っている。書きたいが読ませたくないというこのジレンマから彼はローマ字表記という斬新な「意匠」を思いたったのではないだろうか。事実、啄木は短歌の「三行書き」のような革命的な意匠を即興で苦もなく創りだした天才であった。

そう、即興性。啄木のスタイルは「本質的に即興詩人のものだった」という著者の指摘は詩人の才能のありかを言い当てて見事である。だからこそ、あれほど小説に固執したにもかかわらず、啄木の傑作は日記であり、そして短歌なのだ。二度にわたって引かれている短歌論は雄弁である。「人は歌の形は小さくて不便だといふが、おれは小さいから却《かえ》つて便利だと思つてゐる。さうぢやないか」「一生に二度とは帰つて来ないいのちの一秒だ。おれはその一秒がいとしい（…）それを現すには、形が小さくて、手間暇のいらない歌が一番便利なのだ」。

つまり短歌とは三行の日記なのである。そこに書きとめられた日々のいのちの感興は、私たちのそれと少しもちがっていない。「こみ合へる電車の隅に／ちぢこまる／ゆふべゆふべの我《われ》のいとしさ」。私たち誰もが味わっている日常感覚が見事な表現を得ているではないか。啄木こそは、まさに「最初の現代日本人」と呼ばれるにふさわしい詩人であったのだ。

（角地幸男訳、新潮社、二〇一六年）

（『日本経済新聞』二〇一六年四月二十四日）

2　歴史・社会

饗宴から快の場への変貌

パスカル・ディビ
『寝室の文化史』

ひとは人生の三分の一を眠ってすごす。その眠りの場である寝室は、くめどもつきぬ秘密を秘めた空間だ。この空間の意匠と秘密のあれこれを、フランスの民族学者が古今東西の寝室にわけ入って開陳してみせた、スリリングな試みが本書である。

ひとの身体を包みこむ「家の中の家」であり「部屋の中の部屋」である寝室は、もっとも親密な空間だが、たいへん便利なマルチ機能の空間でもある。寝台文明のギリシャ・ローマでは、寝台は睡眠の場というより、読書の場、ものを書く場であり、さらには食事をし、会話に興じるサロン、「饗宴」の場であった。いわば全文化の中心をなした装置が寝台だったのである。

さらにヨーロッパの宮廷社会にいたると、就寝、起床という極私的な行為は一大政治儀式と化してゆく。ヴェルサイユのルイ十四世は、寝台をとおして支配したのである。

逆にいえば、寝室がもっぱら眠りと愛の営みのための専用空間になったのは、人類史のなかでもごく最近のことであり、近代ブルジョワ文化の産物にほかならない。ブルジョワジーは「私生活」

を生みだし、プライバシーというものを生みだした。それにつれて身体の快適さ、安逸、快楽の装具の数々が考案されてゆく。暖房や換気の工夫、そしてなにより清潔さをもとめようとする欲望。つまりは今を盛りのクリーン・ヘルシー感覚がめざめ、寝室は、悦楽と快適の場、つまりは「快」の空間に変貌してゆくのである。

現代ハイテクの安眠装置カプセルホテルにいたるまで、寝室がたどった歴史の跡は、建築、身体、服飾、性愛、どの視点からみても面白い。図版も楽しく、秋の夜長、寝ながら読むのにこれほどうってつけの本もない。ただし、うっかり読みはじめると、面白さにつられて眠れなくなる危険もあるからご用心を。

（松浪未知世訳、青土社、一九九〇年）

（『日本経済新聞』一九九〇年九月十六日）

性の「二重規範」の重み

バーン&ボニー・ブーロー
『売春の社会史——古代オリエントから現代まで』

古今東西の歴史のページをめくる時、売春のない文明などどこにも存在していない。文明のあるところ、必ず娼婦の姿がある。そうした歴史のなかの性のマーケットの姿の数々を絵巻物のように繰り広げてみせてくれる本書は、なにより性愛の「読み物」として面白い。

紀元前から現代にわたる長い時の流れのなか、街娼から高級娼婦にいたるまで、性愛の様相は文明によりいかにさまざまであったか。性にたいして禁欲的なキリスト教西欧にたいし、インドや中国は生のこよない悦楽として性を肯定的にとらえ、愛技をたたえる。家の中に閉じこめられて社会の水面に姿を現すことのない「妻」や「母」にくらべ、娼婦は男たちの商談やコミュニケーションの場に現れて性以外の芸をも披露する。結婚が女を内に秘めるのにたいし、婚外の性愛のありさまは文学の対象ともなって語り伝えられ、その語りをとおして、逆に、それぞれの社会の存立のあり様が浮かびあがってくる。

たとえはギリシャの高級娼婦ヘタイラたちの華麗な活躍ぶりは、それ以外の女たちがいかにポリスの場から隔絶された存在であったか、男性中心のギリシャ世界を陰画のようにみせてくれる。あるいはまた男女がきびしく隔離された中国では、社交や商取引など、広く私領域の外での活動に娼家が盛んにもちいられ、高級娼婦の「粋」の華が咲いた。

こうして起伏に富んだ記述を読みすすむにつれ、ひとつの事実が鮮やかに浮かびあがってくる。歴史をとわず、いたるところで男には性的自由が認められ、女には貞節が要求されてきた、性の「二重規範」の重さである。売春の歴史はこの二重規範の歴史そのものだといってもいい。二十世紀の性革命とともにこの規範が大きく揺らいでいるいま、読まれるにふさわしい書である。ただ、訳者後書きがもっと詳しいものであれば読者の興味はさらに広がったことと思う。訳文が美しいだけにその点が惜しまれる。

（香川檀ほか訳、筑摩書房、一九九一年）

（『日本経済新聞』一九九一年七月二十八日）

時代を先取りした新聞マーケットの革命児

鹿島 茂

『新聞王伝説——パリと世界を征服した男ジラルダン』

エミール・ド・ジラルダンという男がいた。近代ジャーナリズムを創始したフランスの新聞王である。

今日、わたしたちが毎日目にする新聞には、商品広告が載っている。わたしたちは、別にそれを何とも思わず当然のことのように思っている。広告のない新聞など想像することさえないほどだ。ところが、新聞と広告がドッキングしたのはそれほど昔のことではない。時代は十九世紀、ところはパリ、ひとりのジャーナリストがはじめてこのアイディアを創案したのだ。その男こそジラルダンである。

一八三六年七月一日、フランス初の情報紙『プレス』が生誕する。それまで新聞といえば必ず論説紙面であり意見紙であったものが、この『プレス』とともに一変してしまう。この新しい新聞は、意見を述べるよりもさまざまな「情報」を流して新聞を読物に変えた。そしてそれ以上に『プレス』は、新聞を商品に変えた。紙面に商品広告を載せ、その広告収入を製作費用にあてて、新聞の定価を従来の半額にひきさげ、新聞のマーケットを確立したのである。目次に言われるとおり、その日は、近代的な情報産業の誕生を告げる「ジャーナリズムの革命記念日」であった。本書はこの革命児ジラルダンの画期的な発明の数々を生き生きした筆致で追ってゆく。

つねに時代を先取りするこの男は、現代にまで生きる発明の数々をやってのけた。たとえば連載小説という発明。あるいは、スポーツ欄なるものの発明。そして、印刷スピードに革命をもたらす輪転機の開発プロジェクト——読みすすむうちに読者は、現代の情報産業を支える「常識」のことごとくがこのジラルダンという男の発明になるものであることに驚嘆することだろう。

そして、この新聞王のモダンな革命性はなにも情報産業だけにかぎられない。産業革命とともに近代的な労働者階級が生まれた十九世紀、ジラルダンは一貫して労働者の生活向上を説きつづけ、企業主としてみずからこれを実践した。労働者が豊かになって生活を楽しんでこそ社会全体が豊かになり、労働者が同時に消費者であってこそ市場経済の繁栄がある。ジラルダンは、マルクスと同時代にすでにこうした二十世紀型の資本主義社会を予見していた。あまりに時代を先取りしすぎていた彼のヴィジョンは同時代に理解されることはなかったが、現代のわたしたちは、彼が予見したとおりの消費社会を生きている。『プレス』創刊後の政治家ジラルダンの生涯は、まざまざとそのことを教えてくれる。つまりジラルダンは「早すぎた天才」だったのである。

幾多のエピソードを遺した「早すぎた天才」の生涯は、どれもみな面白い。だがそう思わせるのは筆者の筆力の賜物であろう。ともすれば退屈なものになりがちな伝記物が、スピード感あふれる語りによって一気に読ませる読物にしあがっている。その語りにくわえて、前著『馬車が買いたい!』で披露された資料の「経済学的読み方」が発揮されているのがすばらしい。十九世紀のフランスがすべて現在の日本円に換算され、随所に「現代日本でたとえるなら」というコメントが入るので、数字がすべて生きている。読者を十九世紀にタイムスリップさせつつ、同時に「現代」を読ませるのである。

新聞王という絶好の対象が絶好の語り手を得て現代によみがえった。『新聞王伝説』というタイトルがまことにふさわしい本である。

(筑摩書房、一九九一年)

(『図書新聞』一九九一年十月二十六日)

近代が生んだ「私的」身体

ジュリア・クセルゴン

『自由・平等・清潔——入浴の社会史』

十九世紀産業社会は「労働」とともに「身体」を発見した。魂の浄化という宗教的理想が遠ざかるとき、浄化されるべきものはもはや眼に見えない内面ではなく、人目にふれる身体である。自由・平等を理念に掲げたブルジョワジーは、「清潔さ」という至上の価値を見いだす。

貴族の身体が、もっぱら血統と礼儀作法のコードにかかわり、清潔さにはいたって無関心であったのと対照的に、ブルジョワジーにとって、身体とはたえず監視をおこたらず、手入れをほどこして管理しなければならない「富」なのである。富（プロプリエテ）と清潔さ（プロープルテ）は手をたずさえて、たがいにたがいを求めあう。

からだの清潔な者は信用のおける人間であり、不潔な者は危険で有害な存在である――こうしてめざめたブルジョワ的モラルを体現した衛生学は、国家と手を結びながら清潔共和国の建設にのりだしてゆく。

水道施設の開発整備とともに、水浴場やシャワーなど、さまざまな公共施設が設けられ、不潔な人びとを「閉じこめて垢をとり」、善良な市民につくりかえる戦略の数々が図られてゆく。近代社会とは、実に、大がかりな清潔社会の誕生なのである。本書は、膨大な資料を駆使しながら、この清潔社会の発達のさまを繰り広げてみせてくれる。

この清潔の歴史は、プライバシーの歴史ときりはなすことができない。清潔さや快適さといったきわめて「私的な」身体感覚は近代以前には存在していなかった。各種のヘルシー器具から健康食品にいたるまで、あふれかえる快適装置に囲まれて暮らす現在のわたしたちは、自分たちの私的な感覚がいかに歴史的に「飼いならされた」ものであるか、あらためて思い知らされることだろう。「死ぬほどクリーンな」清潔帝国ニッポンに住むわたしたちは、ぜひともこの「入浴の社会史」を読むべきである。訳文もとても読みやすい。

（鹿島茂訳、河出書房新社、一九九二年）

（『日本経済新聞』一九九二年三月一日）

文学をも震撼させる茫々たるエクリチュール

フェルナン・ブローデル『地中海I　環境の役割』

地中海という、とほうもなく巨大で複雑な表情をたたえた「人物」の一世紀余にわたる暮らしのさまざまな相貌が長大な頁の間に現れては消え、また別の頁からちがった表情を見せて新しく立ち現れてくる。

その十六世紀の地中海は、ある時にはピレネーの山々であり、トスカーナの平原であり、サハラの砂漠であり、エーゲ海の島々であり、イタリアの半島であり、アドリア海の港であり、ヴェネツィアの都市であり、オスマン・トルコであり、ヨーロッパであり、そしてまた、それらのあいだに開かれる交通であり、交易であり、交易に渡される物品であり、風景であり、気候であり、それらすべてのものの複合体である。

こうして、これまでに考えられてきた歴史の「尺度とカテゴリー」の狭隘さと恣意性を嘲うかのように、まったく新しい地中海世界が読む者の前に姿を現す。「境界を定めることは、定義し、分析し、再建することである」という序のことばが圧倒的な説得力をもって迫ってくる。まさにブローデルは、この書物によって、およそ考えられたこともない「境界」を設定し、定義し、再建してみせたのだ。《ひとつの》海ではなく、気候から風土から病気にいたるまで、《多》を《多》のままに開きつつ、抱合する海が、ゆくりなく、茫々たるスケールをもって語られてゆく。

事件史や政治史を排したこの歴史書の素晴らしさを、「長期的持続」というよく知られたことばで表現することはもちろん可能だが、そのことばをもってしてはこの書を読んで感じるいいしれぬ幸福感を言い表すには素っ気なさすぎる気がする。むしろ私が感じるものは、物語の幸福感である。ここにあるのは、茫々たる地中海という人物をめぐって語りつむがれてゆく始まりもなければ終わりもない物語なのだ。実際、「環境の役割」と題されたこの第一部では、なにひとつ決定的な出来事が起こるわけでもなく、ひとつの土地なり海なりの栄枯盛衰がたどられているわけでもない。それというのも、山岳の貧しさは平野の繁栄の始まりであり、一都市の衰亡は他の都市の隆盛の始まりであり、夏の海の生活の賑わいはすでに冬の海の沈滞の始動であるというふうに、すべてが循環する環を描いていて、その環は閉じられることがないからである。

見事な訳文にのりつつこうして繰り広げられてゆく地中海の物語には、始まりもなければ終わりもなく、ストーリーの起承転結を要約することもできはしない――ということを別様に言うなら、このブローデルの書物はかぎりなく小説にちかいということである。事実、決して要約をうけつけず、テクストを読む以外に味わうすべがない書物とは、優れた小説以外の何であろうか。

要するに、すべてはブローデルの語りに在るのであって、語られた対象である地中海にあるのではないのだ。わたしたち読者を魅了するのは、ブローデルのテクストの表面なのであって、決して地中海の「真理」などではないのである。歴史を語るエクリチュールがそのまま歴史を構成するのであって、歴史とはつまりフィクションであるという事実をこれほどまでに雄弁に語る書物はないであろう。この意味で、歴史学を震撼させたこの名著は、文学をも震撼させる書物であるにちがいない。

（浜名優美訳、藤原書店、一九九一年）

（『エコノミスト』一九九二年三月二十四日）

男性中心の中世の社会像

ジャック・ロシオ『中世娼婦の社会史』

合法的な婚姻と非合法の愛のあいだに広がるあいまいな「灰色の領域」。その領域に、娼婦と呼ばれる女たちが姿をあらわす。「大地とともに古い職業」と言われるこの娼婦たちは、時代とともに姿を変え、形態を変え、イメージを変える。中世社会において彼女たちはどのような姿をまとってあらわれたのだろうか。

著者ジャック・ロシオは、ディジョンやリヨン、アビニョンなどローヌ河沿岸にひろがる都市を中心に、十四、五世紀の娼婦たちの相貌を描きだしてゆく。当然ながらその記述は、それら娼婦たちを必要とした男たちのセクシュアリテのありかたに及び、かれらの欲望を管理し指導する公権力のありかたに、そして、公権力に認知された婚姻生活のあり様にまで及ぶ。十四世紀の都市では教会と市が公然と娼館を率い、管理していたのである。

ということは、売春が必要悪として認められていたということだ。むろんそれは、男たちにとっての「必要」である。にもかかわらず、かれらの必要を満たすべき女たちには罪と汚辱の「しるし」

が刻印される。こうして見えてくるのは、大いなる男性中心主義の中世の社会像であり、その意味で本書は読むに憂鬱な「灰色」の本である。

それにしても最近、売春や娼婦というこの「灰色の領域」をめぐる訳書がにぎやかなのはどういうわけだろう。長く未開拓であったこの領野に先鞭をつけた歴史家アラン・コルバンのインパクトがそれだけ大きかったということもあろうが、それ以上に、歴史は終わってこそ語りうるということなのではなかろうか。それというのも、婚姻という制度が解体をきたすとともに、「婚内」「婚外」といった境界線がうすれ、「くろうと」も「しろうと」もまったく判然としない色にそまっているのが現在だからである。その意味で本書は、セピアの写真をめぐるような想いに誘う書物である。

（阿部謹也・土浪博訳、筑摩書房、一九九二年）

（『日本経済新聞』一九九二年十一月二十九日）

多様な視点で捉える博覧会像

吉見俊哉
『博覧会の政治学――まなざしの近代』

万博、花博、テーマ・パーク――何であれ、「フェア」を見物するのは、わたしたちにとってエキサイティングでこころ浮かれる「楽しい」経験である。好奇心と祝祭感がないまじったこの浮薄な感覚はいったいいつどのようにして誕生したのか。そして、その感覚はいったいどのような政治的意味づけをまとっているのか。

『博覧会の政治学』は、この問いに十全に応えてくれる力作である。一八五一年のロンドン万博から一九〇〇年のパリ万博、さらに二十世紀のアメリカ万博まで、資本主義の祭典としての万国博覧会の諸相を綿密かつ鋭利に読者の眼に展示してみせてくれる。「産業」のディスプレイであるとともに「帝国」の顕示ショーでもあった万博。そして、デパートをはじめ、それら博覧会という商品のディスプレイの場をモデルにしながら形成されてゆく近代消費都市の姿。さらには、各種の娯楽的イベントを盛りこんでスペクタクルの快楽を組織化してゆく「見世物」としての博覧会。目配りよく、事実の記述におぼれない文章は、どの視点から読んでも説得的で、文化史ものにありがちな冗漫さをいささかも感じさせない。

コンパクトでしかも理論的なこの博覧会論のなかで、とりわけ書評者の興味をそそったのは、こうした万博で果たしたマス・メディアの役割である。たとえば、七〇年の大阪万博の分析。大衆をお祭り気分に巻きこむ「日常意識の動員」という観点から見れば、「マス・メディアは、たんなる協賛者以上の主催者であった」と著者は言う。

だがそれは、たんにメディアが人びとの意識を操作するという硬直したマスコミ権力論ではない。

消費者もまたそうしたメディアの演出に参加して、「見る者」という役割を演じてゆくのである。企業の文化戦略と消費者とは、いわば共謀関係を結びつつ「コマーシャルな日常」を形成してゆくのだ。

こうしたしなやかな視点があればこそ、博覧会の世紀の終焉を見とどけることで終わっている本書が二十世紀末の現代消費社会の分析に生きているのだと思う。たしかに博覧会の世紀は終わりを告げたが、それが組織化した「まなざしの近代」はいささかも終わっていいない。

博覧会という特権的なスペクタクルの場は、いまや都市生活のいたるところに拡散しつつ、メディアという場所のない場所で肥大化をとげている。おびただしい商品の面白不思議なスペクタクルを疑似環境として生き、ディズニーランドを楽しむわたしたちは、万博会場に押しかけた「視民」の末裔なのだ。

著者による「まなざしの現在」の分析がぜひとも読みたい——そう期待させるパワフルな一冊である。

(中公新書、一九九二年)

(『週刊ポスト』一九九二年十二月十一日)

「歴史の余白」の面白さ広がる

海野 弘『世紀末パノラマ館』

芸術というにはあまりにミニマムなさまざまなアイテムが時代の気分を織りなしている。たとえばスモーキング・グッズ。シガレット・ケースやライターといった喫煙の小道具ひとつが、パーティー熱に浮かれる一九二〇年代アメリカの男と女の姿をしのばせる。

そのスモーキング・グッズからパーティー会場のホテルにいたるまで、時代のお洒落なテイストを形づくっているのはアール・デコだ。

アール・デコの発祥の地はフランスだが、そのテイストはさまざまな交通機関に乗って世界を渡ってゆく。豪華列車トラン・ブルーがロンドンとリヴィエラを結び、旅客となった各国の社交界の花形たちがトレンディーな趣味やスタイルを伝えあう。

そういえば一九二〇、三〇年代は豪華な観光旅行はなやかなりしリゾートの良き時代でもあった。汽車の旅も豪華客船の旅も、ポスターというメディアをうみだし、この広告メディアそれじたいがまた、フランス、イギリス、アメリカと海を渡りながら、アール・ヌーヴォーから写真広告にいたる時代のデザインを形づくってゆく。

旅行トランクに貼られたホテルのラベルひとつとっても、今はなき華麗なリゾート光景を語りだす思い出のアイテムなのだ。

トランクのラベルからワインのラベルへ、サファリの社交場からスキーの流行へ——こうして著者の筆の旅は、世紀末から一九二〇、三〇年代のファッショナブルな世界風俗のなかを自在に遊ぶ。「一九二〇年代のドライブ」「空の旅のスタイル」「プラスティック・デコ」……。

どのページをひらいても、美術史や歴史書ではわからない「歴史の余白」の面白さがパノラマ風景のようにあざやかに浮かびあがってくる。

（丸善ライブラリー、一九九三年）

（『産経新聞』一九九三年五月九日）

過去称賛に潜む現在の空虚感

ウィリアム・M・ジョンストン
『記念祭／記念日カルト——今日のヨーロッパ、アメリカにみる』

「記念祭／記念日カルト」というと何かわかりづらいが、原題は「セレブレーション」。副題は「今日のヨーロッパとアメリカにおける記念日カルト」である。

たしかに八〇年代から記念日ラッシュが続いている。一九九一年のモーツァルト没後二百年祭、九二年のコロンブスのアメリカ航海五百周年、そして、記念祭のきわめつきとでもいうべき、八九年のフランス革命二百周年。著者はこうした文化記念行事のラッシュを八〇年代に固有の現象ととらえ、それを「記念日カルト」と呼ぶ。次から次へと文化的著名人の記念祭を催しつづける現代はいったいどのような時代なのか。

国家から企業から、大学、メディアを総動員し、記念行事産業を繁盛させつつ偉大な過去を記念しようとするメンタリティー――それを著者は、「ポストモダン」に固有の性向だという。過去の称賛は、アイロニカルにも歴史的伝統の権威失墜をベースにしているのであり、「ひとはもはや尊敬しないものを記念する」のである。過去の偉業の称賛は、それをしのぐ偉業の達成という「進歩」への意欲がストップした時代にこそフィットするものなのだ。五十年、百年、百五十年といったカレンダーの時間区分が大きな意味をもつということは、現在の無意味性と目的喪失感と裏腹なのである。

たしかにポストモダンの特徴は過去の様式の恣意的な引用であり、記念日というのもこうした「引用」の一形式にほかならない。この意味で、本書は意外な切口からポストモダンの「空虚」感をうきぼりにしてみせる現代社会論である。記念祭のスタイルの相違をとおしてうかびあがってくるアメリカとヨーロッパの対比も面白い。

いまさらポストモダン論でもなかろうという気は否めないが、西暦二〇〇〇年という「終末」記念祭にむけての考察には、英米圏の著者ならではの切迫感がある。

（小池和子訳、現代書館、一九九三年）

（『日本経済新聞』一九九三年六月十三日）

近代スポーツを「暗」から見る

富山太佳夫『空から女が降ってくる――スポーツ文化の誕生』

十九世紀、世界に覇をとなえた産業先進国イギリスはスポーツ先進国でもあった。ジェントルマンは同時にスポーツマンでもある。だがスポーツというこの「明るい」現象は、さまざまな「暗さ」と境界を接しながら生誕してきたものであった。本書は、そうしてスポーツが立ち起こってくる歴史社会的コンテキストを浮かびあがらせる刺激的な試みである。

スポーツは勝敗を争う。勝った者はヒーローである。自明のようなこの事実ひとつとっても、そこにはダーティな闇の部分がつきまとっている。「強い肉体」が勝つということは、弱い肉体は劣者であるという差別的感性を裏面ではぐくんでゆくからだ。スポーツの隆盛は不適者を排除する社会ダーウィン主義を浸透させ、肉体的エリート主義を培ってゆくのである。このとき弱者として排除されるのが病人と女性であるのはいうまでもなかろう。

さらに、無償の遊び（プレイ）という表の顔をもったスポーツは、その一方でただちにショー化してギャンブル熱をうみだす。スポーツ・メディアを資料に、当時の賞金つきボクシングの明暗を語る「殴る、賭ける」の章は、「見るスポーツ」の生誕シーンを臨場感とともにみせてくれる。

終章の「探検」という「総合スポーツ」の箇所も興味深い。スポーツ先進国イギリスと帝国主義イギリスとがみごとに重なりあってみえてくる。強者が勝つというスポーツ意識と、植民地をしたがえる帝国主義意識は連動しているのだ。スポーツ文化は決してイノセントなものではないのである。

こうして「男らしさ」の神話と帝国主義の神話をまといながら成立してゆく近代スポーツの周辺に、やがて、スポーツする女の姿が現れてくる。「強い帝国」から離陸して空に舞う女性パラシューターが。そこから、もうひとつのスポーツ感覚と身体意識が始まりを告げる——その続編をぜひ読みたいと思う。

（岩波書店、一九九三年）

（『日本経済新聞』一九九三年八月一日）

模倣者生む欲望に満ちた時代

ポール・ラリヴァイユ『ルネサンスの高級娼婦』

都市が栄えるとき、そこに娼婦が姿を現す。ルネサンスのイタリアも例外でない。十五世紀のローマとヴェネツィアは娼婦の都でもあった。なにしろ女性十人のうち一人は娼婦と言われたほどだから、その数のほどは知られよう。遍歴商人など、都市を渡る男たちが増える「交通」の時代には、売春もまた栄えをみるのである。そうして巷にあふれる娼婦たちのなかでも特に本書がスポットをあてるのは「高級娼婦」である。貴族や富豪をパトロンに、特権的庇護をうけながら賛美を誇り、文学にもうたわれた高級娼婦たちはルネサンスの華のひとつだった。彼女らの美貌と才気は宮廷文化の活性剤となり、以来、もとは「宮廷仕えの婦人」を意味していた「コルティジャーナ」が娼婦を指す語となってゆく。

ということは、庶民階級の「自由な」女たちが色香の力ひとつで貴婦人の存在を凌駕したということだ。コルティジャーナたちは、手練手管で男たちを弄び、多くの「財布の紐を解かせ」、言い寄る男たちを競わせながら、「浮名」によって自分の魅力を輝かしいものにした。なかでも「娼婦の中の女帝」とうたわれた美姫インペリアは盛名を極め、人文主義の熱烈な賛美の的となった。こうしたコルティジャーナの栄華は、おびただしい娼婦志願を生みだしてゆく。アレティーノの『好色浮世噺』は母娘二代の娼婦修業のさまを生き生きと描いているが、このくだりなど、娘を売りこむ「○○ママ」を思わせて面白い。むろん、そんな修業をつんでも栄華の座をつかむ娼婦は何千人に一人であり、梅毒に蝕まれながら悲惨な人生をおくった女たちの方が圧倒的に多かった。

それでも、幸運な成功例は大勢の模倣者を生み出す。出世主義が勝ち誇ったルネサンスはまさしくマキャヴェッリの世紀、「運」に賭けたいというヴェンチャーな欲望に満ちた時代だったのだ。この意味で本書はイタリア文化だけでなく、メディアに「身」を売る現代日本のギャル現象をも彷彿とさせる。

(森田義之ほか訳、平凡社、一九九三年)

(『日本経済新聞』一九九三年九月二十六日)

ミスマッチ・パリ

鹿島 茂『パリ時間旅行』

オタクであること。元気がいいこと。女っけがないこと。商売っけがあること。レーニンが好きなこと。

鹿島茂というひとについて、思いつくままにあげてみると、ことごとく「フランス文学」のイメージにそぐわない。みごとなまでにミスマッチである。

だから彼の書く「フランスもの」はこのミスマッチの面白さに満ち満ちている。ボードレールについて、プルーストについて、香水産業について、照明の歴史について、写真について、本書におさめられたエッセイのどれでもいいから読んでみるといい。思わず読まされてしまうのは、書かれた内容よりもむしろ書いている「本人」の面白さであることに納得がゆくはずだ。書きようによっては無味乾燥な優等生的叙述になりかねない文化史のあれこれが、「僕だけの偏愛」のノリで読む者を強引にひきこんでゆく。

少年が夢中で積木遊びをしているときには、思わずこちらもひきこまれて時を忘れるものだ。もちろん、積み上げてできる城はつくるはしから壊れていって、城のかたちは記憶に残らない。だが、遊びに熱中していた少年の姿だけはあざやかな残像を残して心に焼きつく。本書の読後感も、この積木遊びに似ている。くっきりと心に残るのはパリについての知識ではなく、「昔のパリ」という玩具にたいする著者の尋常ならざる入れこみである。

まったく、ひとつことにこれほどのマニヤックな偏愛をしめしうるひとは、オタクと呼ぶのがふさわしい。一五〇年もまえに潰えてしまった「昔のパリ」にたいする愛のすごさ。バルザックやユゴーの時代のパリの街路はどんなふうだったのか。狭かったのか広かったのか、明るかったのか暗かったのか、ごみごみと汚かったのか、それとも清潔だったのか、その街路にはどんな人たちがどんな服装と表情で通っていたのか、そこにはどんな音が聞こえ、どんな匂いがしていたのか――こうしてパリ少年は失われた偏愛都市のディテールのひとつひとつをマニヤックに探知してゆく。そのために、パリの街路という街路を歩きまわる。たとえそれが「寂れ寂れて百五十年」の街路であろうと、彼の足は、現実よりももっと現実的な「脳内パリ」の街路を踏み固めているのだ……。

いつしか読者はこの偏愛にそまりながら、案内されるままにパリ時間旅行の中の旅人となる。「ほらここが例のパサージュ、よく嗅いでごらん。ノスタルジックな匂いがするだろう?」。いわれるままに空気を吸いこむと、知りもしないのに懐かしいセピアの味が舌にのこる。こちらもつられて時差ぼけしてしまうのだ。

そして、ふと気がつけば、このパリ旅行には「女」篇がまったくない。玩具に夢中の少年には女なんかいらないのだ。女のいないパリがこれほどに面白いだなんて、なんとミスマッチな発見だろう。

(筑摩書房、一九九三年)

(『新潮』一九九三年九月)

感性の歴史家による本格的性愛論

アラン・コルバン『娼婦』

女は誰もみな娼婦。そんなことを言うと誤解を招きよせかねないが、「女は家庭に」というヴィクトリアン・モラルがすっかり風化したのが八〇年代の風景だったことは誰しも認めざるをえない事実だろう。そのヴィクトリアン・モラルは、ある幻想的な境界線を築きあげていた。しろうととくろうとという境界線である。女たちを二分するこのボーダーは、九〇年代の現在、もはや存在しない。あなたのそばにいる女は自由な女だ。自分の性を売ろうと思えばいつでも売れる。

男性の想像力がつくりだしてきたと言われてきた女の娼婦性は、必ずしもそうした一方的なおしつけではなく、ほんとうのところ女の「本性」の一部なのではないのか。メディアの劇場の中であっけらかんと裸体を売っている女たちの屈託ない明るさを見るだに、そうした疑問が改めてこころをよぎる。いや、そう思わせるのは、メディアの中で輝いている女たちだけではない。いま日本という国は、「フィリッピーナ」たちが余儀なくからだを売りにくる性の市場ともなっている。女は、そうしようと思えば、いともたやすくからだを売ることのできる生きものなのだ。しばらく死語になっていた「娼婦」ということばがあるリアリティをもって私たちの視界に浮上してきたのがこの九〇年代ではなかろうか。

性、エロス、快楽。いずれにしろそれらは「私生活」という領域に属している。長らく、この領域は文学の独壇場だった。それも、個別的な作家研究という専門性の枠に囲いこまれて、共通の知の場所で語られることなどほとんど皆無にひとしかった。たとえばプルースト論はあってもベル・エポック論はなく、フロベール論はあっても第二帝政論はなかった。この狭い枠組を解体して、芸術から日常生活にわたる文化現象をひとつの共通の領域に浮かびあがらせてくれたのが、フランスのアナール歴史学である。フィリップ・アリエスとジョルジュ・デュビィの監修になる『私生活の歴史』など、そうした成果の最たるもののひとつであろう（邦訳刊行が待ちどおしい）。

アラン・コルバンの売買春論『娼婦』は、こうした歴史学の流れのなかから立ち現れた画期的研究である。この感性の歴史家は、十九世紀フランスの公娼制度の成立と変遷を丹念に分析してゆく。政府の取り締まり、警察の監視、さらには医学や衛生学など、性を管理する学問的・政治的言説の生誕と布置——こうして「制度」を支えたもろもろの要素の連環を記述してゆくコルバンの仕事は、これまでならユゴーなりゾラなり、個々の作家の想像力（とみなされていたもの）が、あるエポックに共通した想像力のヴァリエーションにすぎないことを説得的に示してみせる。私たちは、言ってみれば、性的イマジネーションにもまた「紋切り型」があることに眼を洗われる思いがするのである。コルバンの狙いはこの想像力の紋切り型をあぶりだしてゆくことであり、それを彼は「社会的想像力」と名づけるのだ（たとえば『においの歴史』の副題に、「嗅覚と社会的想像力」とあるように）。

　性の売買とその様態は、ある大きな社会的想像力に規定されつつ、逆にまたその想像力をつくりだしてゆく。娼婦を一地区に囲いこむ公娼制は、「精液の排水口」という社会的想像力とともに在った。一時代に支配的な感性とはそうした巨大なフィクションの総体なのである。こうした大きなフレームがあぶりだされてくると、娼婦（エロス）と都市計画が同じ界面に見えてくる。ユイスマンスと公衆衛生学が実は同じ想像力を共有していることにはたと気がつかされるのだ。こうして文化現象をそっくり広い地平に放つ知は、まことに魅力的である。コルバンの「感性の歴史学」は、インターフェイスする知の一つのモデルであり続けることだろう。

　そのコルバンの娼婦論は、ひるがえって私たちに問いを投げかける。公娼制度をなくし、しろうととくろうとのボーダーもなくしてしまった現代の制度なき売買春現象をささえる大きな社会的想像力はいったいどのようなものなのか？　性愛の大文字の物語のゆくえは？　女の娼婦性ははたしてどこまで文化でどこまで本性なのか？

　二十世紀末のエロスの大きな物語（社会的想像力）がみえてくるのは、溜息のでるような先のような気もする。けれども、文学や社会学や歴史、美学といった専門研究ではとらえきれない「感性」の研究がもっとも魅力的であることを知ってしまった私たちは、もうひきかえせないところにきてしまっているといってよいだろう。「女による女のための女の研究」ではない娼婦論が書けることをコルバンは見せてくれたのだ。時評ものでない、男性による本格的な性愛論。そのような知の輩出はやはり見果てぬ夢なのだろうか。

（杉村和子監訳、藤原書店、一九九一年）

（『國文學』一九九三年十一月）

理性にも勝る熱狂的「言語」

アンヌ・ヴァンサン＝ビュフォー『涙の歴史』

涙の歴史。かくも美しいタイトルの書物が書かれうるのだろうか。心を濡らす甘美な内的体験をいかに語るのか。

そう思いながら本を開いた私は、自分の涙の流しかたが近代の身体技法にすぎないことを思い知らされた。

涙が孤独な私的空間のものになり、女性的なものになったのは、十九世紀以降のことなのである。ラシーヌの悲劇は「涙の勝利」だった。社交界の人々は男女を問わず涙を抑えなかったし、優雅に泣いて見せるのは作法にかなったことでもあったのだ。

涙を流すことは、情動を表し、共振をもとめる身体の「言語」である。あふれ、こぼれ、時に激しくほとばしりでる涙は多彩なレトリックを繰り広げてゆく。嘆きの涙、憐憫の涙、歓喜の涙、はたまた他人を欺く空涙……。身体の泉から湧きいでて流れてゆくこの液体は、社会的コミュニケーションの布置にそい、その規則に従いながら人びとのあいだで「交換」されてゆく。「涙は交わされ、共有され、恍惚として混ぜあわされる」のである。

この涙の言語がもっとも劇的な交流をみせ、集団的恍惚をひきおこしたのがフランス革命であった。布告一つ、宣誓一つに感動の涙が交わされ、その熱い涙はひとからひとへ「伝染」して熱狂的な嵐の雨となった。フランス革命は「感じやすさの爆発」であり、エモーショナルな社会契約の形成のドラマでもあったのだ。いかなる理性の言語にも勝る涙の熱狂的な伝染力。著者はこれを「涙のメスメリスム」と呼んでいるが、この箇所は本書のハイライトの一つである。

『涙の歴史』は斬新な驚きでわたしたちの眼を洗う。革命論、演劇論、読書論、メロドラマ論、男女論、どの視点から読んでも思わぬ涙のレトリックに出会って興味つきない。

乾いた夏に届いた、歴史の泉からの贈り物である。

（持田明子訳、藤原書店、一九九四年）

（『日本経済新聞』一九九四年八月十四日）

水と衛生との縁、鮮やかに

ジョルジュ・ヴィガレロ
『清潔《きれい》になる〈私〉――身体管理の文化誌』

原題は『清潔と不潔』。中世から現代にいたる身体衛生の文化史である。ここ数年、衛生や入浴の歴史をあつかった文化史の邦訳が盛んだが、なかでも本書は表象論として優れている。「水の表象」と「清潔のイメージ」の変遷があざやかに語りだされて無駄がない。

ヴェルサイユの宮廷文化では、清潔とはもっぱら「見せかけ」にかかわることだった。白い下着を見せることが清潔の証であり、良きマナーだった。このマナーと水は結びつかない。入浴といい噴水といい、ここで水は遊戯と悦楽のためのものであり、もっぱら「祝祭」の表象だったのである。十九世紀をむかえると、この祝祭の水が「実用」的な水にかかわってゆく。それとともに、水は身体を「洗う」ものになる。清潔のイメージは身体の内部にかかわり、見えない深部にむかってゆくのだ。

近代衛生学のこのラディカルなターニングポイントに位置するのがパストゥール革命である。細菌の発見によって、清潔の敵は「見えないもの」となった。以来、清潔さは身体のもっとも奥深い部分にかかわり、「無菌のユートピア」小説が生まれてくる。

こうした清潔のイメージの変転とともに、水が都市空間を循環し、家庭の内部に入りこんでゆく。入浴はプライバシーの中でも最も私的でひそやかな行為となり、そのひそやかな水空間が《きれいな私》の夢を育む。流れる水は細菌という敵から《私》をまもり、身体に健康という力をあたえるのである。

もっぱら「見える」身体にかかわった十七世紀の清潔さから、見えない内奥にかかわる現代の清潔へ。バロックの時代に「舞台の記号」であった清潔さは、ブルジョワジーの覇権とともに「実力の記号」となったのだ。

そうして現代へと至るわけだが、ひところのあの朝シャン現象、はたして実力の記号の延長なのか、それとも舞台(虚栄)の記号への逆転か? 《きれいな私》のその後の行方を考えながら、昨今の身体論とあわせ読むと面白い。訳文も流れるようにきれいである。

(見市雅俊監訳、同文舘出版、一九九四年)

(『日本経済新聞』一九九五年一月十五日)

博物誌と同時にユートピアの書

ジュール・ミシュレ
『海』

ミシュレを読みながら潮の香をかぎ、波を浴び、海の響きにゆられながら、いつしか海の懐に抱かれてしまう。バシュラールの物質的想像力に言及する書物は少なくないが、その物質的想像力を体現した書物はそれほど多くはない。『海』はそうした数少ない書物のひとつである。ミシュレの語る海のディスクールはそれほどまでに「液体的」で、豊饒な水の力をたたえている。わたしたちの渇いた生命をうるおし、癒す水。『海』はこの水の力を語ってあますところがない。

いや、水というにはミシュレの水はあまりにも濃い。むしろミシュレの水は〈血液〉なのだ。海の水は地球の深部から湧きだして地を養い、血液のように循環して生きとし生けるものの生命を活かす。ミシュレにとって海は〈地球の血液〉なのである。「高度なものたちの力、その魅力、その美しさ、それは血なのだ」「美しい深紅の血、熱い血潮、これこそは海の最高傑作である」。かくも熱く赤い血の潮は、生殖力に満ち満ちて、絶えざる生命の創造を繰りかえしてやまない。そう、『海』というこの異形の博物誌は、圧倒的な〈多産性〉によって読む者を幻惑してゆく。たとえば、一面にニシンの卵が浮かぶ海面の描写。どろりと濃厚で、栄養に満ちた乳白色のその海原はまさに「海の乳」である。

あるいは、薄紅色のサンゴの描写。女がダイヤモンドよりむしろサンゴを好むのは、それが「血の花」だからだ。あるいはまた、女の肌に密やかにふれる真珠の恥じらい……。

乳、花、真珠――ミシュレにとって、海とは〈女〉であり〈母〉なのである。「海というこの広大な世界が為すべき仕事、真の作業は、いつくしんで殖やすことなのだ。愛は海の豊饒の闇に満ちている」。羊水と同じく塩分を含んだ海の水は、はるかな昔からわたしたちが眠っていたあの始源の幸福の水、〈愛の液体〉なのだ。

熱く赤く滋養に富んだこの愛の液体は、しおれた生命に活力をふきこみ、生命と生命を魔術的な力で結びつける。実際、この書には〈愛〉という言葉がどれほど登場することだろう。

読みながらわたしたちは、この歴史家が『愛』の作者であり、『女』の作者でもあったことをまざまざと思い出さずにはいられない。ミシュレにとって海の神秘と女の神秘はおそらくひとつのものなのだ。

神秘の血潮が寄せては返す海。愛の生命のひろがる宇宙‐博物誌でもありユートピアの書でもあるこの『海』は、もうひとつの奇書、フーリエの『愛の新世界』を想わせずにはおかない。列挙や分類といった博物誌的身ぶりをしながら、それでいて博物学に特有のあの「視覚の専制」に陥らず、愛で万象をつなぐディスクール、まさにそれはフーリエに重なるものではないだろうか。いずれも宇宙的ヴィジョンに満ちて、スケールの大きさに圧倒させられる……。ただし、フーリエの宇宙が「天」であり「星」であり、愛をつかさどるのが「天使」であるとすれば、ミシュレの物質的想像力はやはり「水」だ。波音をたて、轟き、五感のすべてをまきこんでわたしたちにしみこんでくる深い水。その生命の水の力をあますところなく語り明かす『海』は、はてない宇宙の「深部」を透視する希代のユートピアの書なのである。

（加賀野井秀一訳、藤原書店、一九九四年）

（『週刊エコノミスト』一九九五年二月二十八日）

旅する動機、眼の欲望に着目

ジョン・アーリ
『観光のまなざし——現代社会におけるレジャーと旅行』

学問はいつも日常的経験に遅れをとる。暮らしのなかで日々経験していながら語りおこされていないものは多々あるが、「観光」もその最たるもののひとつだろう。海外旅行から一時の温泉ブームまでこれほどツーリズムがさかんなのに、学問はおろか、まともな論さえないのが現状だ。

そんななかでようやくでてきた観光論が本書である。著者のキーワードはタイトルにあるとおり、観光の「まなざし」だ。わたしたちは、何かを見たいと思ってどこかへでかけるのだが、わたしたちのその眼の欲望はいったいどのように組織されているのだろう?

この問いそのものに明らかなように、「好奇心」は決して自然発生的な欲望でなく、歴史的社会的に組織されてできているのだ。

たとえば、誰も見てない風景を見たいという「ロマン主義的まなざし」は近代ヨーロッパに発生し、誰もが見る風景を見たいという「集合的まなざし」は、現代社会で地球規模に広がって、後者が前者を風化させつつある。

その間の欲望の変化をもたらしたのは言うまでもなくメディアの肥大化である。ガイドブックからテレビまで、メディアのなかで見たことがあるからこそ「実物」を見たいと思う。メディアが場所を「観光」化するのである。

ということは、どこへ行ってももはや未知の場所など存在しないということだが、だからといってそれが観光の衰退をまねくわけでもない。未知と既知、本物と偽物の境界はかぎりなく曖昧になっていて、いまやツーリストの方でも真剣な「本物願望」をもっているわけでもないのである。眼が楽しめばそれでいいのだ。

本書はこの型のツーリストを「ポスト・ツーリスト」と呼んでいるが、「場所」を「人」や「事」におきかえれば、この観光論はマスカルチャー論一般にまで射程が及ぶ。

遺産産業のしくみなど、イギリスの事例も読みどころのひとつだが、現在にきりこむポスト・ツーリスト論がやはりいちばん面白い。

（加太宏邦訳、法政大学出版局、一九九五年）

（『日本経済新聞』一九九五年三月十九日）

身体感覚変えた音響メディア

吉見俊哉

『「声」の資本主義
――電話・ラジオ・蓄音機の社会史』

『「声」の資本主義』という魅力的なタイトルが思わずページをめくらせる。

わたしたちの聴覚はメディアを介してさまざまな変容をこうむり、変容した「耳」の集合がひとつの社会的欲望をかたちづくっている。電話というメディアが出現する以前と以後では聴覚環境が変容をきたし、ひいてはわたしたちの身体感覚や欲望そのものが変貌をとげてしまう。

「電話・ラジオ・蓄音機の社会史」を副題にうたう本書は、音響メディアによる身体感覚の変容をその誕生のシーンにさかのぼってきめ細かく検証してゆく。たとえば十九世紀の電話はコンサートなどを実況する娯楽メディアとして使われ、むしろラジオと呼ぶにふさわしいメディアだった。あるいはそのラジオにしても、大衆娯楽メディアである前に、集権的な装置として「国家の声」の演出に使われたナショナルなメディアであった。それぞれのメディアはたがいに用途を隣接させながら現在にみるような分化をたどっていったのである。メディア・ミックスという現象は、電気の誕生の時代にすでに起こっていた事態なのだと改めて思いしらされる。

そして、電気といえば興味深いのがその魔術性だ。一章「驚異の電気術」は本書のなかでももっとも面白い個所のひとつだが、十八世紀に誕生した電気エネルギーは「科学者」と「魔術師」の双方の熱狂的関心をよびさまし、身体セラピーから見世物まで、さまざまなフィーバーをよび起こした。電気メディアは、用途が多様であったばかりでなく、それに関与する言説や学知もまた未分化であったのである。

それら混沌とした電気テクノロジーがいかにして今日的な機能分化を起こしていったか、豊富な事例とともに語られてゆく音響メディアの歴史は「身体の電子化」の端緒を語り明かして面白い。

（講談社選書メチエ、一九九五年）

（『中日新聞』一九九五年六月十八日）

入浴の文化的意味をさぐる

吉田集而『風呂とエクスタシー——入浴の文化人類学』

「風呂は恍惚にあり」。ああなるほど、と思ってはならない。本書を読めば、わたしたち日本人におなじみの「いい湯だな」的気分がいかに特殊なタイプの風呂文化であるかを思いしらされて、しばし恍惚から覚めることだろう。

文化人類学者である著者の言うエクスタシーとは宗教的なそれである。北米やシベリア地方で行われていた熱気浴の痕跡を幅広い資料によってほりおこしながら、シャーマンがトランス状態に入るための装置が風呂の起源であったのではないかと著者は言う。

シャーマニズムは一種の身体技法であるから、入浴が「浄め」や「苦行」さらには各種の通過儀礼にもちいられる可能性は大いにあるだろう。風呂は非日常的世界にアクセスする修行の一つだったのである。

ところが風呂はほかにもさまざまな意味づけを獲得する。シャーマニズムとしての風呂が「田舎の風呂」であるとすれば、歴史に名高いローマの入浴文化は「都市の風呂」だ。宗教的意味（浄化）

も教育的意味（鍛錬）もいっさいない「楽しみとしての風呂」がここで大繁盛する。いわば風呂の世俗化であって、日本の風呂もこの系譜をひいているらしい。

「分類」という著者の方法に助けられて、アメリカ大陸の熱気・蒸気浴、ユーラシア西部のサウナやバニア、アジアの熱湯浴や水浴など、読むだけで古今東西の風呂めぐりをした気分になれるが、そうしながら改めて思い知るのは「清潔のための入浴」がいかに歴史的に新しいものかということである。

近代ホテルに典型的な「バス・トイレ式」入浴設備の起こりは十九世紀近代の衛生思想にあって、むしろこれは「水浴」の系譜に連なっているのだと言う。なるほどホテルに泊まって「温まろう」などと思うのは無理な話なのだと納得がゆく。

ゆだるような熱い湯につかって「楽しみ」と「清潔」の両方を求める現代日本の風呂文化は様式混交の産物なのである。おのれを知って恍惚としよう。

（平凡社選書、一九九五年）

（『日本経済新聞』一九九五年十月二十二日）

「見通し」のきく都市への改造

小倉孝誠『19世紀フランス 光と闇の空間——挿絵入新聞「イリュストラシオン」にたどる』

十九世紀パリの隠れた「名物」のひとつは泥棒である。薄暗い路地のひしめくシテ島はかれら犯罪者のねぐら、得体の知れぬ《闇》空間だった。スリに詐欺師に人殺し、いずれ劣らぬ「おたずねもの」のかれらの得意技は「変装」である。身元がわれないように身なりを変え、宿を変える。その一方で、かれらを取り締まる刑事たちもまた変装をしていた。犯罪者と警察権力はたがいに都市の闇にまぎれつつ、ひそかな暗闘を繰りひろげていたのである。司法写真や人体測定法、そして指紋判定にいたる科学的な身元同定法が確立するまで、匿名の群衆のうごめくパリは闇深い暗黒の空間であった。

権力のまなざしは、この闇を「見えるもの」に変えるべく、さまざまな装置をつくりだす。一望監視式の監獄制度にはじまって、パリ警視庁を中核にした大警察機構が組織化されたのもこの時代のこと。スパイをつかう治安警察もまた十九世紀パリの知られざる名物のひとつだったのだ。

こうした闇の都市は、オスマンのパリ改造とともに《光》の都市に変貌をとげてゆく。「空気と健康」をスローガンにかかげた都市改造は、貧民と犯罪者の巣窟を一掃し、「見通し」のきく都市空間をつくりあげたのである。このパリ変容とともに、まなざしのドラマもまた様相を変えてゆく。たとえば「公園」という空間。新しく整備されたこの公共空間は、「見る」「見られる」ドラマの舞台となり、恋人たちの見初《みそ》めのための恰好のトポスとなった。いわゆる「モードの都」というパリ神話がこの光の都市の延長上にあるのは言うまでもないだろう。

こうして本書は、ユゴーやゾラ、バルザックなどの作品群を解読しつつ、百年にわたるパリの闇と光の歴史をたどりなおし、犯罪から恋愛まで、都市のまなざしのドラマの変容をあかしてゆく。挿絵入新聞『イリュストラシオン』の図版が素晴らしい。

（人文書院、一九九六年）

（『日本経済新聞』一九九六年五月十九日）

大衆的な観光、大いに肯定

白幡洋三郎
『旅行ノススメ——昭和が生んだ庶民の「新文化」』

日本人の海外旅行者は旅先で同じ日本人旅行者に出会うとなぜ嫌がるのか？　以前からそんな疑問をいだいていたが、最近、観光旅行業の祖トマス・クックのことを勉強していてようやく答がみつかった。イギリス人も事情は変わらず、自分はクックのパック・ツアーに参加していながら、旅先ではパック・ツアーの一員では「ないかのように」見られたがっていたのである。

要するに、旅行が大衆化すると、自分もその大衆の一人であることを恥じる気持ちが発生するのだ。そこには、思索的な《旅》は良いが観光《旅行》はくだらない、ひとり旅には探求があるが団体旅行にはそれがない、等々、マス・ツーリズムを軽蔑する教養主義とエリート主義がはたらいている。だが、年間海外旅行者数が千五百万人をこえる現在、そのような教養主義的旅行観はいまや時代遅れなのではないだろうか――そんな思いにずばり応えてくれるのが本書である。本書は孤独な《旅》のススメではなく、「明るく楽しい」《旅行》のススメなのだ。

団体旅行、各種の「こだわり」パック・ツアー、大衆的な観光旅行のすべてを筆者は大いに肯定し、奨励する。観念的空理空論よりも実地教育や直接体験の方がはるかに多くのことをわたしたちに教えてくれるからだ。本書はこの意味での旅行の《文明論》なのである。ユニークなマス・ツーリズム肯定論として旧知識人の蒙を啓く本と言うべきであろう。さらに、本書のもうひとつの魅力は旅行の変遷をとおしてみえてくる昭和の文化史である。修学旅行から新婚旅行、社員旅行から家族旅行、そしてディスカバー・ジャパン隆盛の背景まで、さまざまな旅行の盛衰譚とともに、豊かな消費者社会にむかってゆく庶民の昭和史があざやかに浮かびあがってくる。

名著『プラント・ハンター』を生んだのはさぞかし豊富な著者の《旅行》体験だったにちがいな

いと改めて納得させられる。一読をススメる。

（中公新書、一九九六年）

（『日本経済新聞』一九九六年七月十四日）

失われた感性に耳澄ます大著

アラン・コルバン『音の風景』

日没がどんどん早くなってゆく。六時にはもうすっかり夜。ふた月前にはまだ明るかったのに——深まる秋の日々、時間にせきたてられるようにそんな思いをすることがあるが、本書を読むと、こうした感性がいかに二十世紀のものであるのか、改めて思いしらされる。

それというのも、十九世紀の昔には、ただ「夜」だけがあったからだ。それが五時なのか六時なのかは何ひとつ問題ではなかった。「日が暮れる」こと、すなわちそれが夜だったのであり、それを告げ知らせるのが「晩鐘」（アンジェラスの鐘）だったのである。鐘楼から聞こえてくる鐘の音は、宇宙的で有機的な世界の音を響かせていたのだ。

時計と電気の普及とともに都市化をたどった二十世紀の生活世界は、こうして「聖なるもの」と結びついた「音の風景」をすっかり失ってゆく。たとえばミレーの描くあの「晩鐘」の情景、鐘の音とともに頭《こうべ》をたれて敬虔な祈りを捧げるあの田園風景は何と遥かなことだろう。かつてその広やかな地の上には「天」があり、その高みから鳴り響いてくる鐘の音は、聖なる権威に護られたコスモスをかたちづくっていたのである。

世紀末から登場してきた大時計の鐘は、正確で無機的な「世俗」の音を刻みながら、この教会の鐘の音に対抗してゆく。世界の産業化とともに、「大地の鐘」によって描かれる風景はしだいに消滅にむかい、ついで「鐘楼のまったき沈黙」が訪れるのである。

コルバンの美しい書物は、こうして失われてしまった十九世紀の「音の風景」をありありとよみがえらせて見事である。先に「におい」をあつかって新しい歴史の領野をきりひらき、ついで「浜辺の誕生」を語りおこしたこの感性の歴史家にいかにもふさわしい仕事というべきだろう。

『においの歴史』が世界的ベストセラー『香水』をうみだしたように、この『音の風景』もまたさまざまな人びとの想像力にうったえかけるにちがいない。（小倉孝誠訳、藤原書店、一九九七年）

（『日本経済新聞』一九九七年十一月九日）

亡命芸術家たちの三〇年代再現

『パリ・貧困と街路の詩学——1930年代外国人芸術家たち』
今橋映子

パリを歩くと、よく道を聞かれる。コスモポリットな都市だなあと思う。こちらが外国人だろうと、街路にいるかぎりみな「同胞」なのである。本書は、パリの街路というこの不思議な《無国籍のトポス》を、そこに魅了されたさまざまな外国人芸術家をとおして語りおこしてゆく。

副題に「1930年代外国人芸術家たち」とあるとおり、著者の関心はもっぱら三〇年代のパリに注がれる。一九三〇年代のパリ。それは豊かなアメリカ人たちでにぎわったあの消費都市パリではなく、ナチズムの台頭で国を追われた人びとが集まって来た「亡命都市」である。そこにはベルリンを逃れて来たベンヤミンがおり、オーストリア゠ハンガリー帝国の崩壊とともに故国ハンガリーを去った写真家ブラッサイやアンドレ・ケルテスがいる。これら「中欧」の芸術家たちの知られざるパリ生活を語る個所は最も読みごたえがあり、ヨーロッパの文化的多元性について改めて考えさせる。

しかもこの多元性は、本書じたいの特徴でもあって、英文学・仏文学といった「各国別」の文学研究にも、絵画研究・文学研究といった「分野別」のそれにも収まりきれない視野の大きさが気持ち良い。ベンヤミンのパサージュ遊歩もヘンリー・ミラーの放浪生活も、オーウェルのどん底生活も、すべては三〇年代のパリの都市表象という問いに収斂していく。

その三〇年代は、フォト・ジャーナリズムの時代でもあった。母国語による言語表現を奪われた亡命芸術家たちは写真や絵画というメディアで自己を表現したのである――こうして表現されたパリは、すべて「何げない」街頭風景の断片の魅力に満ちている。娼婦や公衆便所やホームレスたちを撮ったブラッサイの写真集『夜のパリ』からヨーゼフ・ロートの小説『聖なる酔っ払いの伝説』にいたるまで、つましい「遊歩者」や「浮浪者（クロシャール）」たちが生きたパリの街路という《アナーキーな場》の記憶がいいしれぬ魅惑をたたえて浮かびあがる。

（都市出版、一九九八年）

（『日本経済新聞』一九九八年七月十二日）

英国に見た〝ゆるみ〟の追求

戸矢理衣奈
『下着の誕生――ヴィクトリア朝の社会史』

世紀末、地球の温暖化が深刻である。酷暑の今夏、クーラーの電力消費もすごいに違いない。何しろ男性の服装があの重装備の背広では。それに引き換え女性の服装は涼しい。ノースリーブに生《なま》足《あし》サンダルだもの……。

ところが歴史をたどると、女たちのこんなカジュアルな軽装は二十世紀の産物にすぎないことが分かる。百年前の世紀末、女性は重い下着を何枚も重ね、動くのも不自由な服装の重圧にあえいでいたのだ。

それを教えてくれるのが本書。コルセットファッションで名高いヴィクトリア朝のイギリスで、女性がいかにして心身の「緊縛」から「解放」に向かったか、当時のメディアやテクノロジーを振り返りながら検証した。

副題の「ヴィクトリア朝の社会史」が本書の内容をよく伝えており、読者は「下着の誕生」を追いながらヴィクトリア朝の女性史を学ぶことができる。

改めて気付かされるのは、イギリスが北国ということだ。十九世紀文学のこよない主題となったスプリーン（憂鬱）が英国の悪天候の産物であるように、肉体の喜びを固く禁じ、「レディのたしなみ」にうるさかったヴィクトリア朝のモラルは、寝室にストーブもなく、明るい電気照明もなかった「寒くて暗い」イギリスの風土の産物なのである。

その後、目覚ましい経済成長を遂げ、デパートや旅行の流行など消費社会の胎動に向かったイギリス資本主義は、暖房や照明といった生活環境の快適さを実現して文化的「温暖化」を果たした。

それにつれて、女性の身体感覚も、禁欲的なコルセットの緊縛から、開放的なノーコルセットに移行してゆく。女たちは身も心も南方化して「ゆるみ」を求めたのである。

そして到達した二十世紀暮れ方の現在、いまだ温暖化以前の「緊縛ファッション」のままの紳士服を思う。メンズの方も、心身共にもう少し「ゆるみ」が必要なのでは？　二十世紀モードの到達点を考えさせる一著。

（講談社選書メチエ、二〇〇〇年）

（時事通信配信　二〇〇〇年八月七日〜）

余暇が生んだ趣味　多彩に論じる

アラン・コルバンほか『レジャーの誕生』

釣りは「自分自身のうちにひきこもる」愉しみなのだと本書は語る。考えてみれば不思議な暇つぶしである釣りは、いったい、いつ、どのように誕生したのだろうか——こんなふうに趣味の領域を語るにふさわしい歴史家がいるとすれば、アラン・コルバンをおいてほかにないだろう。「浜辺」を語るかと思えば「音」の歴史をとりあげ、いつも斬新なテーマで読者を驚かすこの「感性の歴史家」が、余暇をテーマに共同研究を進めた成果が本書である。

釣りから園芸、読書、スポーツ（特にサッカー）、旅行、クルージング、さらにキャバレーといった都市の歓楽に至るまで、十九世紀産業社会の到来とともに発生した非労働時間が余暇となりレジャーとなっていくプロセスが、目配り良く、多彩に語りおこされて、監修者コルバンのセンスの冴えを感じさせる。

ことに特筆すべきは、余暇の先進国であり、余暇史のモデルでもある英国に距離をもって対峙していることだろう。第一章だけが「イギリス人と余暇」にあてられ、あとの章はすべて非アングロサクソン系の国々を対象にしている。フランスやイタリアの余暇には英国モデルでは説明できない独自の心性があるのだ。

たとえばフランス語には「日曜の装い」という言葉がある。イギリス人にとっては「無為に閉ざされた暗い日曜日」は、フランス人にとって祝祭的な「日曜の身体」の舞台なのだ。事情はイタリアも同じで、大陸の国々の余暇には劇場性が欠かせないのである。本書がパリやイタリアのさまざまな都市文化に大きく頁を割いているのは、従来のイギリス中心の余暇研究を刷新する方法的戦略なのだ。

さらに本書は、こうした多様な趣味の歴史だけでなく、そもそもリクレーションという発想をうみだした「過労」という科学的言説の登場にふれ、「余暇の身体論」に語り及んでいる。やたら癒しとガーデニングがはやる現在の余暇のありかを考えるのに必読の書だろう。釣り好きやサッカー・

ファンにも「余暇の一読」を薦めたい。

（渡辺響子訳、藤原書店、二〇〇〇年）

（『日本経済新聞』二〇〇〇年九月二十四日）

大衆娯楽としての犯罪報道を検証

小倉孝誠『近代フランスの事件簿——犯罪・文学・社会』

あの上九一色村があるとき突然観光名所になった事実はまだわたしたちの記憶から遠くない。それまで誰も知らなかった場所が犯罪の舞台になって一躍有名になり、人々の興味をかきたてる。まったく、犯罪ほどすてきな娯楽はない——ということを、十九世紀フランスに即して語りおこした書物が本書である。

砒素で夫を毒殺したラファルジュ夫人、不倫をいさめられて妻を惨殺したプララン公爵、いずれも上流階級のスキャンダラスな犯罪は大衆ジャーナリズムの格好のネタになった。

十九世紀後半のフランスは、識字率の向上と、輪転機などの発達によって大部数の新聞が誕生した「新聞の黄金時代」。その黄金の鍵になったのが犯罪報道だったのである。

犯罪は凶悪であればあるほど読者の興味をそそり、娯楽として消費される。パリ郊外パンタンで一家八人が惨殺されたトロップマン事件を大々的に報道した大衆紙『プチ・ジュルナル』は、報道の翌日に十万部、翌々日には十五万部と驚異的な部数の伸びを記録し、一月足らずで部数を倍にした。報道とともにフランス全土がこの殺人事件に熱狂し、パンタンは一躍巡礼地となった。この事件は、三面記事がいかにセンセーショナルな大衆娯楽になるかを証明してみせたのである。

こうした「娯楽としての殺人事件」については、すでに文化史家オールティックの秀作『ヴィクトリア朝の緋色の研究』があるが、著者が言うとおり、フランスについては大幅に研究が遅れている。本書はその空白をうずめる貴重な仕事である。

なかでも興味深いのは初めにふれた「激情犯罪」のくだりだ。「ふだんはまともな人間」が嫉妬などの激情にかられて犯した犯罪は、激情犯罪と呼ばれて特別扱いされた。今日で言う、いわゆる「痴情関係のもつれ」である。愛という極めてプライヴェートな領域で起きる犯罪は、人々ののぞき見趣味を満たす絶好の見世物なのだ。近代メディアはワイドショー的世界とともに誕生したのである。メディア論として刺激的な好著。

（淡交社、二〇〇〇年）

（『中日新聞』二〇〇〇年十月二十九日）

刺激的に名づけの呪術性追う

佐々木健一
『タイトルの魔力――作品・人名・商品のなまえ学』

街を歩くと「なまえ」があふれている。ルイ・ヴィトン、エルメス、グッチ――そんなロゴを身につけているひとたちはもちろんそれがご自慢なのだ。つまり「なまえは対象を聖化する」。名づけは呪術的現象なのである。

本書はこうした「なまえの魔力」を、芸術品のタイトルという思わぬ角度から説き起こす。「シテール島への船出」というタイトルでよく知られたワトーの絵は、実は作品集の版画につけられたタイトルだった。十八世紀、いまだ絵画のタイトルは不安定だったのである。このように、作品のタイトルはそれが置かれる文化的コンテキストに依存している。そのコンテキストを語りあかす「タイトルの歴史学」は実にユニークな文化史だ。

意表をつくのは、「タイトルの空間」という問題枠である。書物ならタイトルは表紙に記されるが、絵画の場合はそうはゆかない。はじめに官展の「目録」があり、次に「額縁」に記され、その後、美術館という制度の定着をまってようやくおなじみの「プレート」というタイトル空間が現れる。

プレートを自明のものだと思いこんでいる美術の鑑賞者は、近代の制度に洗脳されきっているのである。

額縁がいちばんわかりやすい例だが、このタイトル空間は「作品の内と外の境界」に位置している。言われてみればコロンブスの卵、専門の内と外の境界に立つと、これほど面白いテーマがみえてくるのかと感動する。実際、本書の射程はまさに超領域そのもの、芸術論から書物論、デザイン論、言語論、さらにはブランド論にまで及んでいて刺激的このうえない。

こうして「タイトルの近代」を知ってみると、タイトルの「その後」が興味津々だ。名づけの呪術性は、もともと名づける者の権威性に由来していた。近代は、名づけを独占した「作者」の権威がピークに達した時代だったのだ。

ところが、いまや芸術の外でタイトルがつくものが氾濫している。作品の権威は下落の一途をたどり、一億総作者の時代といってもいい。なまえのオーラは薄れ果てたのである。斬新な角度から現代が見えてくる快著。

（中公新書、二〇〇一年）

（『日本経済新聞』二〇〇二年一月六日）

文化史の流れたどり 都市の〈神話化〉を追う

今橋映子『〈パリ写真〉の世紀』

「写真の世紀」である二十世紀、「パリ写真」というジャンルが隆盛をみたという。セーヌ河岸で釣り糸をたれる男、街路樹のそばで悠然と昼寝をする浮浪者、街路を横切る白い犬。あるいは、妖しい光に照らされて、売春や犯罪の密かな欲望の目覚める夜のパリ。いずれもパリとパリジャンの生活風景を撮ったストレート写真である。

事実、一九二〇年代末から五〇年代は、写真が十九世紀的な芸術写真から脱して報道写真に向かったドキュメンタリーの時代だった。ブラッサイ、ドアノー、エルスケン、カルティエ゠ブレッソン等々、取りあげられた写真家のほとんどがフォトジャーナリズムに属している。

本書は、写真が生まれてくるこうした文化史的コンテキスト（脈絡）を綿密に探査しつつ、パリ写真という類例のない「メディア現象」を考察しようとする試みである。何げない街路のスナップ写真の数々がいかにして都市の神話化作用をなしとげるのか——この問いを中核にすえる本書は、だから写真と写真家をとおして見た二十世紀パリ論でもある。

いや、写真ばかりではない。壁の落書きから、写真のキャプション、そしてアンリ・ミショーからサンドラール、ジャック・プレヴェールなど、写真に添えられた作家たちの文章まで、「パリ写真」とは言葉と写真のコラボレーションにほかならない。二つのメディアからなる写真集は、親密なまなざしによって都市の秘密を取り押さえ、「現代生活の不安やミステリー」を語りだして人びとを魅了する。人を酔わせるこの魅惑は、遊歩者のそれである。事実、パリの遊歩者ベンヤミンは本書の理論的光源となっており、パリ写真とはつまり異邦の遊歩者がとらえた都市の魅惑の記憶にほかならない。パリは、外から来た越境者にこそワンダーな相貌を明かすのである。

未聞の問いにとりくむ著者の情熱が全編にみなぎる力作。

（白水社、二〇〇三年）

（『東京新聞』二〇〇三年七月二十七日）

パリの芸術家たちの生態記

ロール・ミュラ
『ブランシュ先生の精神病院
——埋もれていた19世紀の「狂気」の逸話』

バルザックはさる作中人物に言わせた。「われわれの社会には、人を尊敬できない人間が三種類ある。僧侶と医者と法律家だ。みな、黒衣に身をつつんでいる。きっと、潰え去ったあらゆる美徳と夢の喪に服しているのだろう」。

文豪の名言どおり、医者の目をとおして見た人間ドラマは夢の残骸を生々しく暴きだして私たちの興味をかきたてずにいない。まして、その医者が精神科医となれば――その津々たる人間ドラマを綴ってゴンクール賞を受けた作品が本書である。

医者の名はブランシュ博士。エスプリ、エミールの父子二代にわたり、十九世紀から二十世紀に至るフランスの狂気の歴史の証人となった。時まさに精神医学の勃興期、狂気が「監獄」から「病院」へと封じ込めの場を移した時代。ヒステリー研究で名高いシャルコが時代の花形スターだったとすれば、ブランシュは地味な私立病院の「先生」だった。

とはいえネルヴァルやモーパッサン研究者の間で彼ブランシュの名はつとに名高い。狂死したかれらの主治医として伝記に必ず登場するからである。文学者だけではない。音楽家のグノーから画家ゴッホの弟テオまで、パッシーに構えた「ランヴァル館」の入院患者たちの記録は狂気と天才の間を往き来した芸術家たちの生態記の観がある。

「夢は第二の人生である」とは有名なネルヴァルの言葉だが、芸術家の「第二の人生」の実態にここまで踏み込んだのは本書の功績だろう。

さらに見逃せないのは、犯罪者の責任能力の鑑定のくだり。今日なお論議を呼んでいる刑罰問題の起こりが簡潔に記されている。けれどもそれ以上に目を見張るのは、女の狂気である。実に、百年前まで、自立をめざす女は「狂人」と同義だったのだ。三十頁そこその記述が、並の女性史よりはるかに雄弁に男権社会の在りかを語りあかす。

といっても本書は肩のこらない読物で、このブランシュ「先生」は社交界の名士でもあった。ナポレオン三世の愛人からプルーストまで、百年にわたるパリ社交界の裏面史が存分に味わえる。

（吉田春美訳、原書房、二〇〇三年）

（『日本経済新聞』二〇〇三年十月十二日）

消費社会を予見した産業皇帝

鹿島 茂『怪帝ナポレオンⅢ世』

この浩瀚な評伝には二とおりの読みかたがある。一つは「国盗り物語」的な読み方だ。偉大なるナポレオンの甥に生まれた男はいかにして皇帝になりあがったか。マルクスによって「二度目は笑劇」のレッテルを貼られたアンチ・ヒーローの名誉挽回をはかろうとする著者の筆は熱い。といって顔のさえない陰謀家が急にカッコよく見えてくるわけではないけれど……。

これにたいし、もう一つの「経済＝ビジネス書」的読み方は、息もつかせぬ面白さ。実際、ナポレオン三世のやってのけた偉業はすごい。不動産を担保にしない新しい発想の銀行設立を促してベンチャー・キャピタルをフルに回転させ、鉄道敷設、下水道革命、パリ大改造など都市のインフラをつくりあげて資本主義の基盤を据えたのである。『貧困の絶滅』なる書物の著者でもある皇帝は、産業の無限発展にユートピアを見たサン＝シモン主義の衣鉢を継ぐ「産業皇帝」でもあったのだ。

古参のロスチャイルド銀行とベンチャー・バンクのクレディ・モビリエが繰り広げる鉄道戦争や金融戦争などスリル満点、下手な小説より面白い。サン＝シモン主義を「空想的社会主義」と呼んだエンゲルスを蹴っ飛ばし、これぞハイパー資本主義だと手を叩きたくなる。実際、英米の資本主義が市場主導型であるのにたいし、フランス資本主義だけがなぜ国家資本主義であるのか、その謎のすべてが第二帝政にあるのだ。この意味で、資本主義の発展・類型論として読んでも興味深い。

資本主義は消費を煽りたてる。「帝国、それは平和だ」――ナポレオン三世のこの有名な演説に、女はつけくわえることだろう、「平和、それは消費だ」と。二十年にわたる平和のパリはデパートや万博などバブリーな消費の祭典に沸きかえった。ヒロイズムに弱い男はナポレオン一世が好きかもしれないが、権力より消費が好きな女は三世の方がいい。事実、オートクチュールから競馬まで第二帝政は消費の快楽が花咲いた時代でもある。戦争より平和を選んだナポレオン三世は、はるかな現代消費社会を予見した怪帝なのである。

（講談社、二〇〇四年）

（『日本経済新聞』二〇〇五年二月十三日）

全篇に鋭敏な五感が溢れ

小倉孝誠『身体の文化史——病・官能・感覚』

アジアを旅すると、さまざまな匂いの思い出が残る。泥で濁った河の匂い、屋台でものを焼いたり煮たりする匂い、路地を行く人群れのむっと鼻つく汗の匂い——帰国すると、消臭グッズの数々にデオドラント文化の現在を実感し、あらためて「においの歴史」に思いをはせる。アジアに残る雑多な匂いに「貧困の臭い」というレッテルを貼ったのは十九世紀ヨーロッパなのだった……。

女性の身体表徴から病める身体の表徴まで、文学や医学や衛生学などの言説に「身体の歴史」を読み解いてゆく本書のなかでも最も興味深いのは「五感」の文化史である。テレビをはじめヴィジュアル文化に浸りきりで「脳」化した世界に住む現代人は、鋭敏な五感を失って久しい。アロマテラピーなどをありがたがる私たちはもはや「鼻がきかない」のである。

こうした無臭文化はいつ、どのように立ち起こったのか。著者がひもとく多様なテクストのなかでも圧巻は第二帝政を描いたゾラの小説だろう。肉、魚、野菜、チーズ、パリ中の「食べ物を調達し」、「ものを食べ、咀嚼し、吸収し、消化し、排泄する」という「卑近な欲求」をまるごとテーマにした『パリの胃袋』は、民衆の舌から指から鼻まで、全篇に動物的な感覚を横溢させて、以後の「無臭革命」を鮮やかに照らし返す。

くわえて特筆すべきは「病」の身体感覚である。医学用語によって病理を規定される以前に、「人々が病をどのように把握していたかということも、病という現実の一部」なのであり、中世のペストが社会的パニックをひきおこす集団的な「死」であったのに対し、現代の慢性病は「生」の在り方の一つであって、極めて個人的なものだ。ここでは孤独が大きな問題となる。

その現代から遡ることおよそ百年、天然痘からコレラ、結核まで、ゾラやフローベールは病める身体についても饒舌に語る。十九世紀の小説群を身体のドラマとして再読したくなる。

（中央公論新社、二〇〇六年）

（『東京新聞』二〇〇六年五月十四日）

人権を守った政教分離の歴史

工藤庸子
『宗教 vs. 国家』

いまフランスはイスラム教や移民の問題が噴き出している。

スカーフ姿で教室に入ろうとした移民系ムスリムの女生徒が入室を阻まれた事件に端を発し、公立校で宗教的シンボルの着用を禁じる法律ができたのが二〇〇四年。

それから三年後の現在、今度は産婦人科医院で妻のお産に男性医師がつくのを拒否するムスリム男性が増え、医療の場が混乱をきたしている。イスラム過激思想と対決すべく、仏全国医師会は「医療機関での政教分離の徹底」を求める声明を出した。

本書は、この「政教分離」（ライシテ）というきわめてアクチュアルな問題を、その発生の起源からとらえ返す試みである。他者を排除するかにみえるフランスの政治姿勢に「寛容」を説く言説について、著者は言う。「宗教対立をめぐる論争において、他者への寛容を説く道徳論は一般に耳に心地」よいが、多くの場合そこには「論者の知的怠惰」が隠されていると。実際、フランスにおける人権思想は、二百年余にわたるカトリック勢力との激しい闘争の末に勝ち得た成果にほかならない。フランス共和国は、「教会の支配」と闘ってはじめて「人権」を樹立することができたのだ。

本書はこの「宗教vs.国家」の闘争史を鋭利な筆致で語り起してゆく。十九世紀までどの学校にも掲げられていた十字架は、国家の手で時に暴力的な手段を行使してひきずり降ろされた。「自由・平等・博愛」を掲げてはためく三色旗は、背後に生々しい葛藤の記憶をひきずっているのだ。イスラム教に相対する国家の姿勢は、かつてカトリックと対決して人権を守った市民たち（シトワイヤン）の姿勢を継いでいるのである。

重いテーマにもかかわらず、仏文学者によって書かれた本書はスピード感ある語りで一気に読ませる。当時の文学を「宗教社会学」のドキュメントとして使う方法が効いているのだ。ユゴーの『レ・ミゼラブル』やモーパッサンの長編など、随所に挿入される小説シーンは政治史を「目に見える風景として」生き生きと描きだす。文学の読みについても再考をうながす快著である。

（講談社現代新書、二〇〇七年）

（『日本経済新聞』二〇〇七年三月十一日）

遊歩都市パリの魅力をそっくり本に

ベルナール・ステファヌ
『図説　パリの街路歴史物語　上・下』

パリほどひとを歩かせる街はない。なじみの古書店に行くつもりが、つい通り向こうにあるアパルトマンのたたずまいに心ひかれて足をとめると、そのまた隣にひっそりと建つ古びた館がいわくありげで、住む人を偲ばせる。そのうちまた別の小路に迷いこみ、気がつくと半時間――こんな気ままな街歩きこそパリの魅力であり、迷うほどに楽しく、歴史の秘密にふれる心地がする。

そんな遊歩都市パリの魅力をそっくり本にしたのが、この大部な書である。二〇の区ごとに幾つかの街路を選び、その街路にひそむ歴史＝物語を語ってゆく。著者ベルナール・ステファヌは役者と戯曲家とジャーナリストをかねそなえた一筋縄ではゆかない書き手。その語り口には、いかにも曲者らしい巧みがひそんでいる。論より証拠、彼の口説そのままに、街路を歩いてみよう。たまたまさしかかった四区のサン・ポール通り。冒頭からすごい。

「ひとりの女性をもつことは、奴隷をもつことと同様に不当である」。こう語ったサド侯爵（一七四〇―一八一四）は、『閨房哲学』［一七九五］の著者である。一七八〇年、彼はサン・ポール通りの五番地で、友人のリニュラック伯爵とともに、「小夜会」を催し、ふたりが愛人としていた女優のマドモワゼル・コレットを招いている。

いきなり生々しい歴史の傷口にふれて、おのずと足が止まる。次にそっけない一行が続く。「一一番地には魔術アカデミーがある」。いま自分が歩いているのは「魔」の通りなのだ。二八番地には、百歳ちかくで亡くなった女優の家。三〇・三二番地には、六三五年に設けられた教会と墓地。三六番地には、一一〇七年に設けられた監獄。そして、最後にようやくこの通りの名の由来がくる。「十一世紀からこの通りに名が冠せられている聖パウロ（サン・ポール）は、紀元一世紀初頭に小アジアのタルソスに生まれている。（…）ローマ人たちは彼を投獄し、ローマからオスティアへと向かうアッピア街道で、六二ないし六四年、その首をはねてしまう」。

近年こじゃれたモードな街区として観光客を集めるマレー地区の面差しが一変してしまう。紀元一世紀から十八世紀にいたるまで、幾たびも血の色にそまった石畳の暗さ……。

ごらんのとおり、著者のたくらみは、事実の簡潔な「列挙」をもって歴史の重層を体感させることにある。芸のない書き手なら、通りのイメージをうまく一つにまとめてしまうところを、そんな常道を覆して、とりとめのない「断片」の集積をもってする。

実際、そんな断片こそがパリ遊歩の正道であり醍醐味なのだ。だから、この大部な書物＝都市は、どこから歩き始めてもかまわないし、引き返すのも寄り道も思いのまま。良く行くなじみの街区に足を向けると、思いもかけぬ事実に逢着して歴史の悪戯に慄然とすることだろう。たとえばサンジェルマン・デプレのカネット通り。何十メートルもないこの小さな通りの一隅にかつてバルザックが足繁く通った図書室があったとは！　「そこには一五サンチームから五〇サンチームで読むことができる内外の新聞や雑誌、小説がそなわっていた」。毎日のように通っていたくせに、わたしは何をしていたのだろう……。そこから遠くない愛用のホテルがマルチェロ・マストロヤンニの邸宅だった事実も初めて知った。

驚愕の断片の魅惑にひかれてつい歩くうち、気がつけば六区から七区へもう一時間も読みふけっている……。著者のたくらみにはまったというより、パリという街がそのようにできているのである。中世と現代がそこここで交錯し、ブールヴァールのにぎわいを一歩それると時に忘れられたようなパサージュが昔日の面影を残す時の迷宮都市がこういう語り手を育んだのだ。思いのままに頁をめくって、歴史の遊歩を愉しまれたい。

（蔵持不三也編訳、原書房、二〇一〇年）

（『週刊読書人』二〇一〇年九月十日）

痩身願望と美容の変遷たどる

ジョルジュ・ヴィガレロ『美人の歴史』

モードの変遷をたどる服飾史は多いが、身体の文化史はきわめて少ない。著者は清潔や健康の文化史で知られる歴史家。アラン・コルバンと共に大著『身体の歴史』の監修にもあたっている。本書は初の本格的な「美容の文化史」というべきだろう。スリムなボディのためならば、どんなダイエットの苦行もいとわない——このような痩身願望は、いつ、いかにして誕生したのだろうか。はじめにあったのはコルセットだった。宮廷の貴婦人たちは硬い胴衣をまとい、下半身は膨らませたドレスの下に隠していた。そのコルセットが細長くなり、S字カーブを描くようになるのが一九〇〇年頃のこと。ドレスはぴったりとこの曲線をなぞり、ウエストのくびれが美人の指標になる。

この世紀末は化粧品市場が急速に拡大した時代でもあった。十九世紀半ばに二千万フランほどだった化粧品の売上高は一九〇〇年に九千万フランに達している。

こうして美容を大衆化したのはデパートだった。「ガラスと鋼鉄」の大聖堂が、女たちの欲望をあおりたてる。ガラスとともに見逃せないのが鏡製造業の発展である。全身が映る大きな鏡は特権階級だけのものであり、縫い子などは顔の映る小さな鏡で精一杯だった。このような関連産業への目配りの確かさは歴史家ならではのものだろう。

さてその鏡が映しだすのは、顔はもちろんのこと、身体のシルエットである。二十世紀に立ち起こったコルセットからの解放は、女たちを身体そのものの鍛錬と加工へと向かわせた。はてない痩身願望がここに誕生をみる。次々と創刊されるモード雑誌とその表紙を飾るスターやモデルたちが、「美しい私」の夢のモデルになる。

ルネサンスから十八世紀まで、「美しくなること」は貴族階級の特権であった。二十世紀とともに美人は民主化し、大衆化したのである。一九二一年にアメリカで始まったミス・コンテストはその象徴だろう。それからおよそ百年、エステサロンは繁盛の一途をたどり、美容整形の件数も増加してゆくばかり。美人の個人化は、どこまでいっても満足を知らない「終わりなき探求」の始まりだったのである。

（後平澪子訳、藤原書店、二〇一二年）

（『日本経済新聞』二〇一二年五月二十日）

採取と養殖をめぐるドラマ

山田篤美

『真珠の世界史——富と野望の五千年』

真珠という言葉は、それが財宝だということを忘れさせてしまうような美しさがある。けれども真珠は、金銀やダイヤモンドと同じように人類の征服欲をかりたててやまない財宝であり、すべての財宝と同じく、血まみれの歴史をもっている。

本書はこの財宝の歴史にまっこうから取り組んだ労作である。古代から現代まで、日本にはじまって、ヨーロッパ、アメリカ、そして中国と、さまざまな国の真珠採取の歴史がくりひろげられてゆく。

なかでも印象的なのは、十五世紀の大航海時代、コロンブスが「発見」した南米ベネズエラの真珠である。はじめは原住民が所持する真珠を収奪していたが、それが底をつくと、カリブ海の無人島を拠点にして真珠を採取するようになった。といってもスペイン人みずからが海に潜るのではなく、近くのバハマ諸島でとらえた先住民を強制連行して海に潜らせるのである。日の出から日没まで潜水労働に酷使された原住民は次々と息絶えていった。こうして「バハマ諸島は、新世界で最初の住民絶滅の地となったのである」。

まことに真珠は血であがなわれた財宝なのだ。すでに紀元一世紀の博物学者プリニウスが、「それを獲得するには人命をも賭けねばならないような贅沢によってもっとも多くの満足がえられる」ため、「貴重品の中でも第一の地位、最高の位が真珠によって保持されている」と述べている。真珠は帝国主義の賜物なのである。

この血ぬられた宝石の歴史に一つのピリオドを打ったのが、二十世紀初頭の日本の養殖真珠であった。御木本幸吉が志摩の英虞湾で始めた養殖をもとに、見瀬辰平や西川藤吉たちの別の試みなど、真珠養殖をめぐる熾烈な競争のドラマも読みどころの一つである。

養殖真珠の出現は世界の真珠市場を混乱に陥れたが、時とともに受け入れられて、日本はいっとき真珠王国の繁栄を誇る。一九九〇年代に入ると、オーストラリアや中国にも独自の養殖真珠が現れ、さらには世界各地の南の海からカラフルな天然真珠が登場してきて、真珠はグローバル化時代に入ってゆく。

目配りのよい財宝の世界史である。

（中公新書、二〇一三年）

（『日本経済新聞』二〇一三年九月二十九日）

3

風俗・モード・性

ファッションはシュルレアリスムであること

リチャード・マーティン『ファッションとシュルレアリスム』

美しい本である。一九二〇年代から四〇年代にかけ、アンドレ・ブルトンから始まったシュルレアリスム芸術がダリやスキャパレリといった旗手を得てモードと手をむすびつつ、スキャンダラスで幻惑的なファッション・シーンを繰り広げていったさまが、豊富な図版とともに語りだされていて、読者を夢の風景のなかに誘う。

夢の風景。ドリームスケープ——これは、解説にかえて付された訳者による論考「夢みる身体」のキーワードである。「見る見られる者」という《私》に内在する亀裂をキー・コンセプトにしてファッションの現象学を展開した鷲田清一によって訳されたこの本は、ほんとうに幸福な本といえるだろう。可視的なものである《私》の身体の表面は、絶えざる「変形」とリメイクをくりかえしてゆく。その《私》の変形＝メタモルフォーゼこそ、シュルレアリスムの愛したゲームである。そのとき、この変身ゲームを誘発するのは「無意識」すなわち夢である。意識が枠づける「一のアイデンティティ」にアンチして、シュルレアリスムは夢の多様体を対置し、その多様体をさまざまに可視化してゆく。かれらのヴィジュアル・アートがファッションという身体の表層加工と連動するのは当然すぎるほど当然なのだ。どのようにでもありうる《私》、夢の《私》、それが可視化されれば、まさしくそれは夢みる身体の風景となり、ドリームスケープとなる。この本は、そのドリームスケープの名品の数々を繰り広げてみせてくれる。

夢と現実の境界、現実と非現実の境界、主体とオブジェの境界、私と他者の境界、有機的なものと無機的なものの境界――シュルレアリスムはこれらの境界の惑乱を狙う。ルネ・マグリットのだまし絵、ダリの破壊といたずら、シュルレアリスムが駆使するさまざまな手法は、どれもが境界攪乱のトリックである。そしてそのトリックは、そのままファッションのレトリックにかさなりあう。奇抜な引用、パーツの転置、故意のアンバランス、裏と表、内と外の逆転、それらはみなファッションのテクネーである。

それというのも、もともとファッションは「偽り」との戯れだからだ。ファッションは、見せかけの内部に隠れた真実をのぞかせるふうを装いながら、その実、あくまで見せかけにとどまりつづけるものである。ファッションにとって「現実」というものはいつもすでに不在なのだ。ファッションはいつでも非現実であり超現実なのである。ファッションは境界を攪乱するというより、そもそもから境界の不確かさに立脚したゲームであり、モードはいつも「夢」以外のものではありえない。ファッションに巻きこまれて生きるわたしたちは、《私》がどこまでもフィクションの産物であるということを思い知らされずにはいないのである。『ファッションとシュルレアリスム』は、「ファッションはシュルレアリスム」であることをまざまざと見せてくれる本であり、ファッションの現象学として読める本である。

けれども、シュルレアリスムとファッションに内在するマーティンの精密な記述に、疑問が残らないわけでもない。たとえば、無意識の解放をインパクトにしたシュルレアリスムを論じながら、ドゥルーズに一言もふれていないのはなぜなのだろう。意識の強制する「同一性からの逃走」は『アンチ・オイディプス』のメイン・テーマであり、ドゥルーズのリゾームはシュルレアリスムとごく親和的であるはずだ。しかしこれは疑問というより、ないものねだりというべきなのだろう。もともと本書は一九八七年にニューヨークで開催された「ファッションとシュルレアリスム」展と提携して出版された本である。スキャパレリとダリをスターに、一九三〇年代から四〇年代にかけて世界を席巻したシュルレアリスムとファッションとの華麗なインターフェイスの様相と、その二つの出会いの内的必然性を論じた本としては得がたい一著である。なにはさておき、美しいページをめくりながら、シュルレアリスムの惑乱とファッションの惑乱に身をさらすことをおすすめする。

（鷲田清一訳、Edition Wacoal、一九九一年）

（『図書新聞』一九九一年五月十八日）

性への新しいアプローチ

石井達朗『異装のセクシャリティ』

性は性表現なくしてありえない。そして、その性表現のなかでおそらくもっとも大きなもののひとつが装いである。

考えてみれば男性とは男装であり、女性とは女装なのだ。その服装を中心に、メイクから身ぶりまでのさまざまな身体パフォーマンスをふくめた表現性という視点から性をとらえる発想の鍵をあたえてくれるのが本書である。『異装のセクシャリティ』というタイトルが端的にそれをしめしている。

アメリカ演劇を専門とする著者は、六〇年代から八〇年代にかけてアメリカにおこった性解放の動きをきめこまかくあとづけながら、そこから生まれ育った新しい演劇活動の数々をフォローしてゆく。

ウーマンリブ以来、女の解放はフェミニズム演劇という新しいジャンルを演劇史にきりひらいた。ゲイ解放の波は、遊戯的で挑発的な異性装の世界をつくりだす「キャンプ」に始まって、エイズの悲劇を患者自身が訴えるエイズ・パフォーマンスまで、多様なゲイ・シアターを展開してゆく。いっそうマイナーなレズビアン劇は、女だけで自足した美しいエロスの世界を垣間見させる。こうして詳細にわたり紹介されてゆくアメリカン・ステージの異貌の姿は、ヘテロセクシュアル（異性愛）の周縁におかれていたさまざまな性愛の「表現」の風景を繰り広げてみせてくれる。

かれらのマージナルな性愛は、これまで語のあらゆる意味でアンダーグラウンドにおかれ、舞台にのぼることがなかった。逆に言うなら、これまでわたしたちが表舞台で見なれてきた男と女の姿は、異性愛というステレオタイプにはまった愛の形（様式）でしかなかったのだ。

セクシャリティは、本性や心性といった視えないものではなく、可視的で美的な「形」の演出によってこそつくられる――そうした性への新しいアプローチを期待させる書である。

（新宿書房、一九九一年）

（『日本経済新聞』一九九一年九月十五日）

表現体としての新たな身体論

ウジェニー・ルモワーヌ＝ルッチオーニ『衣服の精神分析』

言語とおなじように衣服は語る。いや、そもそもわたしたちは衣服がなければ自分が何者なのかを語りえない――ラカン派の精神分析学者である著者は、衣服をこうした「シニフィアン（意味するもの）の体系」としてとらえ、「衣服の語り」のあれこれを才気に富んだことばで立ち起こしてゆく。

裁断、ヌード、仮面、ヴェール、フェティッシュ。どの断章もたいへん魅力的で、これまでにない新しい身体論をきりひらいてみせてくれる。身体とは何より裁断された「かたち」であり「表面」であり、その表面がなければ内部もまた存在しえないのだ。たとえばヴェールについて本書は言う。ヴェールは隠すと同時にあらわにするものだ、と。隠すことと見せることは同時的なことなのであり、身体は衣服を着けてこそ内部を語るのである。まさに衣服とは「見せるために隠す」ものなのだ。

そして、衣服について言えることは皮膚についても言える。皮膚とはわたしたちの最初の衣服であり、衣服は第二の皮膚である。脱いだり着たりできる皮膚がすなわち衣服なのだ。ということは、ヌードもまた決してたんなる裸体ではなく、一種の衣服であり、あくまでも語るものであって、沈黙の真実などどこにもありえないということだ。着衣であれ脱衣であれ、わたしたちの身体はどこまでも「表現体」であるほかないのである。

こうして本書が展開してゆく身体−衣服論は斬新な洞察がちりばめられているのだが、残念なのは、ラカンの精神分析にうとい読者にはわかりづらい記述が少なくないことである。たとえば女性と布のフェティシズムなどきわめて刺激的な主題であるのに、精神分析の専門をつきぬけた広がりの手前でとどまってしまうもどかしさは否みがたい。むしろ本書は、衣服と身体の根源的な関係をめぐる魅力的なアフォリズム集として読むべきなのだろう。

（鷲田清一・柏木治訳、産業図書、一九九三年）

（『産経新聞』一九九三年七月一日）

下品な時代の最後を飾った シモネタの狂い咲き

上野千鶴子

『スカートの下の劇場
——ひとはどうしてパンティにこだわるのか』

八〇年代がちょうど終わろうとする頃に現れた、きわめて下品でワイセツな一冊の本がある。上野千鶴子の『スカートの下の劇場』である。スカートの下の身体光景を満載したこの本は発売後あっというまに四〇万部以上売れた。

読んだところで学ぶところなどほとんどないこの本がこれほど売れたのは、それが適度に下品なものだったからである。著者の下品な好みと読者の下品な好みが見事に一致するとき、そこにベストセラー現象が生まれるのが出版界のつねだが、この本の売れかたは、まぎれもなくそうした現象の一つであったといえるだろう。スカートをめくって「見て、見て」というのが、著者のメタ・メッセージであり、女のその露出願望に、男ののぞき見趣味がぴたりと呼応したのだ、「見たい、見たい」と。

下品な時代。たしかにそれが八〇年代の確かな表情のひとつであった。そして、同じ八〇年代のもうひとつの際立った表情は、「女」＝「スカート」の席巻であった。時代の勢いに乗った「女」

と下品なシモネタが結託して生まれたこの『スカ下』の狂い咲きは、女性性器の栄えの時代の最後を飾ったといえよう。

著者が見せたかったのも読者が見たかったのも、いずれも女性性器であった。下品な時代とは、セクシュアリテが身体の「下部」に特権化され、矮小化されていた時代のことである。『スカ下』の記憶は、八〇年代がなおひきずっていた古いエロ（ス）の図式のノーテンキな単純さを思い出させてくれる。隠蔽と露出のシェーマがいまなお有効であり、それゆえ「見せるが勝ち」であった時代。そうした下品な時代に下品な本を企画する上野千鶴子の卓抜なマーケティング能力が遺憾なく発揮された本の一つでもあろう。

そして、九〇年代とともに、その下品な時代はあっけなく終わりを告げた。「スカートの下の劇場」のうち、終わりを告げたのは「下」である。「スカート」と「劇場」はますます栄えをほしいままにし、エロスはいまや身体の一パーツに局所化されることなく全域化している。いまや輝いているのは女というキレイなカラダのすべてであり、そしてそのイメージをいたるところで見せつける、メディアという劇場である。一糸まとわぬ裸体の美が次々と繰り広げられてゆくヘアヌードのファッション化は、隠されたパーツの特権化を決定的なアナクロニズムと化して葬送した。

一連のヌードの栄えが明らかにしたものは、着衣と脱衣、裸体と衣裳の境界線の曖昧さであろう。パンティを脱ぐと、真実が現れ出る――この粗雑なパンサル・シェーマがものの見事に覆されたのである。どれほど衣裳を脱ぎ捨ててヌードをさらしても、裸体もなお「形」であり、見える「表面」であるほかはない。隠されたものではなく、いつも「見えているもの」の誘惑性が浮上してきたのだ。もはや劇場性はスカートの下ではなく、その表層にある。何ひとつ内に秘めない「見えるもの」こそ謎めいた誘惑の源泉なのである。バルトの表現を借りるなら、エロティックな悦楽を生み出すものは、身体を包む「包み紙」の表面そのものであって、包みを解いて中身を取り出す（性）行為にあるのではない。ほどいてみれば、中身はたんなる空虚にすぎず、その空虚こそがもっとも誘惑的なのだ。

女という表層の誘惑性。表層のエロティシズム――「女の時代」が要請しているのはそうした問いである。しかしながら、この問いに応えうるような言説が現れるだろうかと考えると、答えははなはだ悲観的である。美的なものやエロティシズムは、あまりに経験的な領域に属していて、「知」としてはなりたちがたいからだ。それは、伝達不可能で学習不可能な領域に属している。エレガンスというものは、もっともチャート化しがたい何ものかなのだ。かろうじて美学に期待することはできても、恋愛学などというものは考えられない。

したがって、おそらくこの領域で知はあいかわらず空白に近い状況を続けながら、現象だけが先行してゆくことだろう。見せるものはちがっても、「見せるが勝ち」的状況は変わらない。空虚できれいな「女の劇場」は意匠を変えつつさらなる栄えを験し、ヌードの見世物だけがバブルな増殖をとげてゆく。「透きとおった悪」が伝染してゆく微熱の世紀末……。

いずれにしろ『スカ下』が御用済みになってしまったことだけは確かである。大量のビニ本とともに書籍の廃墟に打ち捨てられてゆく本。それにしても、私の記憶にある限り、この本の下品さに不快感を表明した女が私ひとりしかいなかったのは何というさびしさだろう。フェミニスト上野千鶴子のパワーは社会学的な分類性と理論性にあるのにたいし、エロ（ス）論はたんに彼女の稚拙な趣味の表現にすぎないということすらいまだにわかっていない女たちが多すぎるのだ。

（河出書房新社、一九八九年）

（『國文學』一九九三年十一月）

肉体の脆さと夢の謎を解く

鷲田清一『最後のモード』

《わたし》という存在の根源的な脆《あやう》さ。鷲田清一のモード論はいつも身体の脆さをめぐって紡がれてゆく。自分で自分の身体像を決して見ることができないわたしたちは、セルフ・イメージを他人のまなざしにゆだねるほかない脆い存在だ。

「我思う、ゆえに我あり」の独我論からもっとも遠くにあるもの、それがわたしたちの身体なのだ。だからわたしたちは《わたし》の身体をめぐって不安に揺れ、あるいは不可能な夢を見る。『最後のモード』はこうした身体の脆さと夢を、さまざまなファッション・シーンをとおして語ってゆく。

宇宙に息づく身体の原初の感触に触れるかのような、「プレヒストリカルな深い安息」と「途方もない暴力」を共に開いてみせる三宅一生の布のワーク、あるいは、色彩過剰のスキャンダルに挑戦してゆくヴェルサーチの果敢な戦闘性、あるいはまた、モードの「果て」にたたずむ哀しみのボレロのようなコム・デ・ギャルソンの簡素……。

読者がそこに読むのは、「見えるもの」のドラマであるよりむしろ、見えない深みから浮上してくる「謎」がもつれ合う魅惑である。「美しさは内面からくるのでなく、肉体の深みからくる」とは、三宅一生論のエピグラフに引かれたル・クレジオのことばだが、このことばは本書のキーワードのひとつだと言ってもよいだろう。

そうした肉体の謎の焦点は、「皮膚」へと向かう。表面でありながら「深み」を刻み、脆く、傷つきやすく、五感に開かれた「感じやすい」皮膚。

皮膚というこのデリケートな謎をめぐって語るとき、著者のセンスはもっとも冴えわたって魅力的だ。

流行（モード）という眼のドラマをおりるとき、「皮膚」という不可思議な身体－衣服がいっそうの謎をたたえて現れてくる。

だからこそ本書のタイトルは『最後のモード』なのだろう。

（人文書院、一九九三年）

（『日本経済新聞』一九九三年十二月十九日）

強者の男性、正当化する科学

シンシア・イーグル・ラセット『女性を捏造した男たち――ヴィクトリア時代の性差の科学』

工夫のきいた邦訳タイトルがいい。女性を捏造した男たち――ああ例の「女性像」の話だなとすぐわかる。原題は《セクシュアル・サイエンス》。副題の「性差の科学」が順当な訳だろうが、それでは「捏造」という語のインパクトがうせる。そう、これは十九世紀の科学がいかにして女なるものを捏造したか、科学という言説の政治性を犀利に読み解いた本である。その科学の最たるものがダーウィンの生物学であり、ダーウィニズムがいかに女性の劣位を根拠づける言説であったのか、明快に解き明かされてゆく。

そこから浮かびあがってくるのは、ヴィクトリア時代の男性のかかえていた「不安感」である。

信仰の衰退とともに「神の似姿」の地位を失った男性は、みずからの獣性に直面してしまう。なにしろ先祖は猿なのだから。そこで男たちは「女、子供、野蛮人」の劣性を実証し、もって自己の優位性を根拠づけねばならなかったのだ。科学の言説は価値中立的どころか、強者としての男性を正当化するための「権威」だったのである。

男と女という性差の問題だけでなく、ひろく学知と権威の関係性を論じた「学説の文化史」としても面白い。何であれ学説には真理を「装う」権威が要るのだ。本書はそうした学知論としても読める。多様な読みに開かれた書物であり、その多様性を手際良く語る富山太佳夫の解説もすばらしい。

そのうえで無いものねだりを一つ。というのは、かくて捏造された女性像のことなのだが、「あまりにヴィクトリアン」と思うからだ。女は「弱き性」であるとともに、男を破滅させる宿命の女でもあったはず。そこに論及がないのが物足りないが、やはりこれはピューリタンの国の話だからだろう。カトリック諸国の「女の捏造」の歴史もさらに知りたい。幸い、仏アナール派の大著『女の歴史』の翻訳刊行が始まったばかり、交差する議論が楽しみである。

（上野直子訳、工作舎、一九九四年）

（『日本経済新聞』一九九四年六月十二日）

繊細なエスプリあふれる恋愛論

フランソワ・ジルー、ベルナール＝アンリ・レヴィ『男と女・愛をめぐる十の対話』

フランス的な、あまりにフランス的な書物があるとすれば、この本がまさにそれだろう。有名な女性ジャーナリスト、フランソワーズ・ジルーと、気鋭の哲学者ベルナール＝アンリ・レヴィの二人が、男と女をめぐって語りあった対談集である。

随所に繊細なエスプリあふれるこの恋愛論の要旨をまとめるなどという野暮はしないでおこう。どこでもいい、十のトピックスを気ままに読んでみること。最初のトピックスからしてすでに刺激的だ。「女性の解放があざけりの的になることについて」——いわゆる《解放された女》がどのようにして「あざけり」の的になるのか、実に興味をそそられる。あるいは、「醜さについて」。すべてが見世物になるこのメディア社会で「醜い身体表象」は最後のタブーだという発言は実に真実をついている。醜男だったサルトルが自分の醜さにどう対処したかというくだりなど興味津々、つい読んでしまう。あるいはまた「嫉妬について」。ここでは、レヴィの異常な能弁が嫉妬とは「男性的」問題なのだということを言外に語りだしている。さらにはまた、「誘惑とその戯れについて」。愛することは一人でも可能だが、誘惑は必ず相手のいるゲームだという指摘も鋭い。

ことほどさように恋愛というかくも曖昧なものについて、優雅にして知的な対話がくり広げられてゆくのだが、考えさせられるのは、このような恋愛論を可能にするフランス文化の「粋」である。華やかな社会的活躍をした女性と、ずっと年下の男性哲学者の二人がかわす《誘惑》論など、およそ日本では考えられないことではなかろうか。もっともベルナール＝アンリ・レヴィは、哲学者とはいえ、七〇年代のいわゆる「新哲学派」の一人として知をメディア化したタレントであり、何より美貌がウリの括弧つき「哲学者」だが、そういう華のある哲学者を生みださない日本文化の「無粋」の悲しさを思う……。

最後に、せっかくのエレガンスを殺している造本の無粋さが残念。

（三好郁朗訳、東京創元社、一九九五年）

（『日本経済新聞』一九九五年七月十六日）

生物学の掟で解く恋愛行動

カール・グラマー『愛の解剖学』

男と女は、どちらが相手をだますのがうまいだろうか？　いったい、なぜ相手をだますのか？　あるいはまた、どのような手を使ってだますのか？　そのノウハウは？

本書を読めば、答えが手にとるようにわかる。といって、本書はハウツー的な男女論ではさらさらない。訳書にして五百ページ以上におよぶ生物学の大著である。

原題に、「愛の信号――パートナーシップの生物学的法則」とあるとおり、男と女がだましあうのは、少しでも有利なパートナー選択をするため、「愛のダーウィニスム」に従って、恋愛市場でサバイバルゲームに勝つためなのである。

こうした恋愛ゲームのなかで、男も女も、言語、身ぶり、表情、等々、さまざまな「愛の信号」を発している。これらの信号のなかでも、とりわけ本書のキーワードになっているのが「色目づかい」だ。ひろく、相手の注意をひきつけることに始まって、肉体的結合にいたるまでの諸段階をフォローする信号だが、そこには微細な法則性が存在している。

著者は、長年にわたる実態調査をふまえて、そこに働く「生物学の掟」を明らかにしてゆく。「色目づかい」の諸法則は、「誘惑」の諸法則と言いかえてもいいだろう。良きパートナーを選ぶため、男も女も必死に信号を送ってたがいを誘惑し、相手の誘惑信号を解読しながら生きているのだ。しかも、その信号は、しばしば術策と偽装に満ちている。だからこそ「解剖学」が必要なのである。この意味で邦訳の『愛の解剖学』は適切なタイトルだと思う。

この愛の解剖学は、目次からしてスリリングである。「コミュニケーションは《操作》だ――嘘、偽装、裏切り」。かと思えば別の章は、「女性の手練手管と男性のトリック」。日ごろの自分の行動や心理が「生物学の掟」にてらしだされて見えてくる。

（日高敏隆監修、今泉みね子訳、紀伊國屋書店、一九九七年）

（『中日新聞』一九九七年五月十一日）

美を求める歴史 仏十九世紀に探る

小倉孝誠『〈女らしさ〉はどう作られたのか』

「メイクの時代」といわれてから久しい。いまやモードは衣服から身体におよび、ダイエットに始まって茶髪からタトゥ、美白まで、身体加工ブームは衰える気配もなく、エステ産業は繁栄するばかりだ。実際、わたしたちは外貌をめぐるおびただしいアドバイスにかこまれて暮らしている。「小顔になろう」「小尻になろう」「美白の肌になろう」と。

むしろそれは、アドバイスというより「脅迫」の言説といった方が適切かもしれない。二十世紀モードはコルセットからの解放を果たしたものの、今なおわたしたちは心のなかに見えないコルセットをつけているのである。美しい身体でありたいという願望はそれほどまでに根強い。

いったい、〈女らしく〉美しくあれという身体規範は、いつ、どのようにして作りだされてきたのだろうか——本書はこの問いを十九世紀フランス文化をベースに洗いだしてゆく。フロベールやゾラの小説から礼儀作法書まで、著者の目配りは広く、しかもまとまりが良い。フランスの女の身体イメージの歴史をふりかえるのに格好の一冊である。

ただ、これは本書の批評というより、〈女の身体表象〉という問題系一般についての感想なのだがそうした表象には地域的な「ずれ」が存在している。同じ十九世紀でも、アングロ・サクソンの英米圏とラテンのフランスとではちがうし、英米の比較だけでも差は小さくない。たとえば海野弘『ダイエットの歴史』など、ダイエット願望がアメリカ的身体感覚であることを明らかにした好著だろう。

このように、同じ近代の身体観にしても、それぞれの文化圏のあいだの差異を際立たせた方が論争性があって面白いと思う。多くは英米圏にコミットしているフェミニズムとフランス文化史がすれちがって終わりがちな現状に風穴をあけるような身体イメージ論を今後に期待したい。

（法藏館、一九九九年）

（『日本経済新聞』一九九九年五月二日）

外見の社会学への試み

須長史生『ハゲを生きる――外見と男らしさの社会学』

一読して、映画『Shall we ダンス？』を思い出した。あのわき役三人、チビ・デブ・ハゲのトリオは本当に爆笑物だった。

男性のハゲという現象を考察し、そこから「外見の社会学」を目指す本書は、言ってみればあのトリオのうち竹中直人が演じた「ハゲ男」に焦点を当て、思いも寄らぬ問いを投げ掛けるようなものだ。爆笑するわたしたちに向かって、「だが、それっていったいどういうことなのだ！」と。

いったいハゲはなぜ、どのように、笑いものにされるのだろうか？「ハゲ」というラベリングはいかに成立しているのか？

本書はこうして、だれもが知っている「自明な」現象を根底から問い返す。「ハゲると女にもてない」という思い込みが、果たして本当かどうか検証されないまま、根拠なく男性を縛る強迫観念となっているさまが浮かび上がってくる。

こうした根拠ない思い込みは、かってイデオロギーと呼ばれたものだ。本書は「ハゲはもてない」というイデオロギーの研究だと言ってもいい。人間の「外見」は、幻想と偏見の交錯する複雑な領域なのだということが改めてよく分かってくる。男女のボーダーが薄れゆきつつある今日にふさわしい、ホットな外見論だ。

ただ、難を言うなら、なぜ「ハゲ」だけなのかという疑問が残る。男性性にマイナスイメージを与える身体特質というなら、ハゲ・デブ・チビのすべてが同じ位相にあると思うのだけれど――。

あえてそう言うのは、問題が矮小化してしまう恐れを感じるからである。副題にある「外見と男らしさの社会学」が豊かな実を結ぶには、「男性の外貌」という問題の全体像が常に射程に入ってなければならない。ハゲ研究がキワモノで終わってしまうかどうかは、そこにかかっていると思う。

ジェンダー論的アプローチを掲げて問題に取り組む著者の「処女のような」青さが印象的なだけに、念を押しておきたい。

（勁草書房、一九九九年）

（時事通信配信　一九九九年六月五日〜六月十二日）

「欲望史観」で見た女の子たちの百年史

斎藤美奈子『モダンガール論――女の子には出世の道が二つある』

めったにないことだが、本書を読んで自分の勤め先のことをハタと考えた。わたしの勤務校は愛知淑徳大学。そう、「淑徳」なのである。「良妻賢母」を理想にかかげた女子学園そのものだ。もちろん創立は明治。東海地方で名門の「花嫁大学」で、水泳教育でも名高い――なるほど、第一次大戦後にでてきた「ニュー良妻賢母思想」を絵にかいたような女子学園なんだなあと、いきなり本書に教えられた。

そうなのか、わが勤務校はつまりモダンガール養成所であったのか。

というのも、良妻賢母思想は「二十世紀の新思想」であり、古くさいどころかピカピカの近代の産物だというのが本書のキー・コンセプトだからである。モダンガールとは、この近代思想によってつくられた女たち、文字通り「近代女性」のことなのだ。

この近代女性の歴史を綴る、百年史の試みが本書である。なにより、歴史をとらえる、そのスタンスが良い。名づけて「欲望史観」。「リッチな暮らしがしたい、きれいなお洋服が着たいから、社会の中で正当に評価されたい、人生の成功者と呼ばれたいまで、人々の欲望が渦巻くところに歴史はできる。出世は男の子の専売特許だなんて思ったら大まちがい。女の子の出世願望だってすごかったんだから」――というのが、著者の基本スタンスである。

といって、「出世」という語にそれほどこだわる必要もない。出世と言って紛らわしければ、「幸福」と言いかえたってかまわない。「ひとなみの幸福」を手にしたいと願ってきた女たちの百年を、面白く、批評的に描きだすための方法論が欲望史観なのである。

面白く、かつ批評的というこのスタンスが絶妙。良妻賢母思想の批評的とらえかえしとは、昔聞きなれた言葉で言えば、つまりイデオロギー批判である。女をめぐる近代イデオロギーはいかにして形成されたか――というふうに論文調に言うと、いかにも辛気くさくて退屈な歴史に、「出世欲＝幸福願望」という補助線をひいて大胆にチャートし、がぜん面白い読み物にしたてあげたのが本書なのだ。イデオロギーを批判するのに、他のイデオロギーに拠らず、「つかずはなれず」のバランス感覚で最後まで読ませてしまうのがすごい。著者独特の例のポップな文体が見事にきいている。

「欲望史観。うん、これがいい」。

で、その欲望史観にたって、見えてきた百年の風景はといえば、けっこうあっけないほどシンプルである。結婚すれば手に入る「家庭」を夢みたモダンガールは、「家庭」と「仕事」の両立に悩みつつ、結局、ちゃっかりそのどちらも達成してしまう。人なみの家庭も人なみの職業も、もう、手に入れてしまった。いや、手に入れなくても、達成したあかつきの幸福のほどを見てしまったのだ。たくましいモダンガールは良妻賢母思想に「のっかって」、夢の大学進学を果たし、職場進出からキャリアまで、出世の夢をみな果たしてしまった。

要するに、百年間で日本の資本主義は急成長し、成熟し、そして沈滞するまでになったのである。その間の社会の富裕化とともに、かつては一握りのエリートのものであったモノやら職業やらが、下々までゆきわたってしまった。少数のものであればこそ欲望をあおった目標が、もはや、夢をそそらない。「バブルが消えて、日が暮れて」、昔のような熱い出世欲に燃えないポストモダンガールは、しらじらした日常風景におさまっている。

もちろん、良妻賢母は死語になった。離婚も不倫も、命がけのことなどではなくなった――と、思わず書いてしまったが、不倫のことなど、本書にはでてこない。

だけど、それって、少し物足りなくはないかしら？　「欲するままに万事を行う」女を、裁かず、叱らず、美化せず、あるがままにたどる欲望史観といいながら、恋愛も不倫もおしゃれにもほとんどふれないなんて！　あまりに大きな欠落ではないだろうか？　わたしがついそんな感想を抱いてしまうのは、モダンガールはもっと愚かで、欲の深い生きものだと思っているからだろう。そう、わたしは、「モガ」という言葉を流行語にしたあの大宅壮一の名言に賛成なのである。いわく、「男の顔は履歴書、女の顔は請求書」。

たいするにこのモダンガール論、あまりに「履歴書史観」にかたよってはいないだろうか。そのぶん視界良好になるけれど、少々風通しが良すぎるのでは？　恋愛もブランドも語らないでは、顔とからだでいろんなものを「請求」してきた、欲ばりモダンガールの歴史が泣く――。

などと言うのは、もちろんジョーク、ないものねだりである。女を語るときにつきまとう「めんどうなもの」を方法的にカットするのが本書のねらいなのだから。少々さっぱりしすぎていて、もう少し「くどい」レシピが欲しいだなんて、女の欲望は、ほんと、ワガママにできている。

ちなみに、そんなワガママな女が教授を務める淑徳大学、なんと、数年前からついに男女共学化してリニューアルした。「ボク、淑徳が希望なんです」なんて、男の子が言う時代になったのだ。いやはや、良妻賢母に始まった二十世紀はたそがれつくしたのである。

（マガジンハウス、二〇〇〇年）

（『論座』二〇〇一年六月）

〝醜さパワー〟衰退の歴史

大塚ひかり
『太古、ブスは女神だった』

「ブス論決定版」と帯にある。表紙も超ポップ。一見いかにもキワモノらしいが、さにあらず。

証拠に、巻末の参考文献をごらんあれ。『古事記』『日本霊異記』『源氏物語』『古今集』と古今の古典がずらりと並ぶ。逆に専門書がこんなに並ぶと、えてして退屈な通史――例えば「古典にみるブスの変遷」みたいな――が多いものだが、主題のインパクトと語りのノリの良さで一気に読める読み物に仕上がっている。いやはや、クライ主題をこれほど面白く読ませる筆力に乾杯だ。

まずは冒頭、ブスが女神だった古代を語る文の威勢良さ。『古事記』のイザナミノミコトは黄泉《よみ》に下って腐乱死体と化したが、その醜さに愛想を尽かしたイザナギノミコトにむかって、「ならば一日千人の人間を殺す！」と呪いをかける。醜さは強烈な「醜パワー」をそなえていたのである。

ところが『源氏』の時代になると、ブスはすっかり骨抜きされ、もっぱら侮蔑の対象と化す。平安平安朝の貴族文化は、「見てくれ良い」は「中身も良い」というイデオロギーを蔓延させたのだ。

著者の言う通り、平成ニッポンはこの平安朝によく似ている。男も女もやたら美形がもてて、エステ文化全開のところがそっくり。だからブスがよけいに差別される。うん、うん、そうだ、と読ませるが、しかし待てよ、とも思う。というのも平成ニッポン、そんなに純正ニッポンだろうか？　いえいえ、「見てくれ」主義はアメリカンなナイスバディ思想から来てるのでは？　ほんと、アメリカってダイエット病なんだから。

やっぱりブス論を究めるなら、戦後日本に影響を及ぼした欧米のブス思想もフォローした方が……と思うのはワケありで、わたくし、史上最強の「ブス小説」を訳したばかりなのだ。バルザックの『従妹ベッド』。あまりにブスで嫁に行けない女の復讐譚。マッチョな近代で陰にこもった醜パワーがずばりテーマ。どう？　必読でしょ？　「決定版」を言うのはその後で――。

（マガジンハウス、二〇〇一年）

（時事通信配信　二〇〇一年九月八日～）

昭和をうたった作詞家の自伝的小説

阿久悠『転がる石』

あの頃、恋はまだ初《うぶ》だった。左翼はまだ輝いていた。青春は熱く、性は秘密の匂いを放っていた。若い才能が一斉に東京をめざした昭和という時代。

その昭和をうたった作詞家の自伝的小説は、逝った時代を魔術師のように呼び覚ます。そこにはテレビがあり、皇太子成婚があり、太陽族があり月光仮面があり、そして青春の野心と蹉跌があった。

胸を病む田舎出の学生は作者とおぼしいが、「合わせ鏡」である悪友の非凡さは実に魅力的。天才を自称して虚言を弄し、時代に跳ぶ翼を追った美貌の友は、怪しげな劇団を率いて束の間輝き、あっという間に転落する。「お前も転がれ」と言われつつ、友のオーラに気圧《けお》されていた主人公は、入れ替わるように放送業界で言葉を紡ぎ出す。

自殺した無名のラジオ作家の葬儀に出た晩、女をかたわらに、高熱のからだでエレキバンドの歌詞を書き出すラストは圧巻、昭和の夢の暗い胎内をのぞく思いがする。（文藝春秋、二〇〇一年）

（『朝日新聞』二〇〇一年九月九日）

性と虚構と現実がもつれる恋愛論＝小説論

鈴村和成『愛について――プルースト、デュラスと』

パリのとある書店でデュラスの『書かれた海』を見つけた。あれはいつのことだったのか。たしかあれは、プルーストに出会ったのと同じ年。同じパリのブチックで《フォルチュニー》と名のついたプリーツの衣装が目にとまった。プルーストの「逃げ去る女」が身につけていたあの衣装。はっと胸をつかれて店に入り、ワインがかった茶の一枚を買ったのだった……。

たしかにその服は今もワードローブに眠っているけれど、去年パリに行ったときはもう全然別の品揃えで、とても同じ店とは思えなかった。あの店はほんとうにあったのだろうか。

デュラスの海、プルーストの恋、アルベルチーヌの衣装。おぼろな断片が、記憶の水底から立ちのぼってゆく。恋を語る一冊の書物とともに。

すべてのはじまりに在るもの、それは言葉である。この恋愛論が「電話の恋人たち」から始まっているのは何と小憎い仕掛けだろう。たしかに恋は電話で始まり、そこで交わされるのは「言葉」なのだ。告白こそ恋の始まりである。「人は昨日会った人とのことを思い出し、自分に物語り、反芻しているうちに、恋を始めている」。恋をするということは、こうして我あらず言葉を紡ぎだすことにほかならない。

だからこの恋愛論が同時に恋愛小説論であるのは当然のことだろう。恋愛の名手プルーストと、その「魂の妹」ともいうべきデュラス。二人の作家を語りながら、迷路のように錯綜した恋愛論＝小説論が展開されてゆく。読者は愛のシーンをのぞき見する者のように、そこに巻きこまれてゆく。かれらの恋は、幾重にも縺《もつ》れ、ねじれている。

そこでねじれているもの、それはまず「現実」と「虚構」だ——なぜなら恋愛は現実を裏切るものだから。言葉は現実を裏切り、嘘をつく。けれど、恋の魅惑はまさにその嘘にこそあるのだ。「ねえ、ほんとうのことを言って」とわたしたちは言う。けれど、わたしたちは知っているのだ、ほんとうのことに恋の神秘などありはしないことを。

「マルセルは女の嘘を愛している。女性なるものの真の力が虚構性にあることを知っている。女は嘘によって『逃げ去る女』になる。そしてマルセルにとって『逃げ去る女』の翼以上に女を美しく見せるものはないのである」

「逃げ去る女」を男は追う。彼女は最高に恋心をそそりたてる。しかも女が翼を羽ばたかせるには、逃げる必要さえなく、言葉ひとつで足りるのだ。嘘をつけばよいのだから。相手が思わず「ほんとうのこと」を探りたくなるような、紛らわしい擬態をしてみせること。女は嘘によって「逃げ去る女」になる……。

アルベルチーヌから作者のプルースト、そしてデュラスとその愛人たちまで、「逃げ去る女」の身ぶりの数々を見事に語る文章を読みながら、わたしのなかにひとりの哲学者の言葉がうかんでくる。ジンメルのコケットリー論だ。バルトと同じく女という存在の虚構性を愛したジンメルはすてきな言葉を残した。コケットリー、それは「イエスとノーを同時に言うことだ」と。

恋の魅惑、まさにそれはコケットリーというこの両義的な擬態にあるのではないだろうか。たとえば「眠る女」。眠りのなかで、女は男の手におちた「囚われの女」となり、同時に眠りという無意識への退却をとおして、誰にも捕らえられぬ「逃げ去る女」にもなっている。「眠る女」はイエスとノーを同時に表す、最高にコケットリーな愛の形象なのだ。だからこそ、それはかくも恋心をそそりたてるのである。

しかも、プルーストが眠る女を偏愛してやまないのは、プルースト自身が幾分か「眠る女」であるからだ。眠りとともに彼のうちにある「女」が目を覚まし、物語を紡ぎだす。そして、ゴモラの娘アルベルチーヌは、実は幾分か「男」でもあるのだ……。

こうしてイエスとノーの愛の戯れは、「男のなかの女が、女のなかの男を愛す」という性の縺れへと反転しつつ繋がってゆく。いやましに錯綜の度合いを強めてゆく同性愛者たちのオージー・パーティ、「ソドムとゴモラ」をめぐる省察は、本書の中でも白眉の一章だ。読者はそのパーティに、プルーストとデュラスの二人だけでなく、多くの客を招いて、今日的な性愛の光景を重ねてみずにはいられない。

読み終えたわたしの前に、はるかな愛の海が広がっている。

今日、その海は大きくうねり、ときに不規則な波風をたてている。性《ジェンダー》の縺れ、虚構と現実の縺れ、それらねじれた現象の数々をのせて、いずこともなくたゆたう海。その海に咲くフォルチュニーの衣装がまたふたたび記憶をよぎる——きっとわたしもコケットリーに感染して、愛の言葉を紡ぎたい欲望に染まっているのだろう。

せまくフランス文学にとどまらず、コケットな女たち、男たちが、胸を熱く染めながらこの愛の書を味読してほしいと思う。

（紀伊國屋書店、二〇〇一年）

（『論座』二〇〇一年九月）

西欧モード五百点を編んだ必読必見の図録

深井晃子〔監修〕『ファッション――18世紀から現代まで　京都服飾文化研究財団コレクション』

ヴェルサイユの貴婦人の華麗な衣装、十九世紀パリを彩るオートクチュールのドレス、二十世紀の波頭をゆくシャネル・スタイル、さらにコム・デ・ギャルソンからイッセイまで、頁をめくると、そこは西欧モードの夢世界。

十八世紀から現代まで、京都服飾文化研究財団が所蔵品から五百点を選んで編んだ図録は、まるで歴史ドラマを見るかのよう。熱く胸ときめかせる。

一つには、序にあるとおり、同財団が開発したマネキンの効果だろう。衣装の着せ方が見事である。靴や帽子、日傘や扇を巧みにあしらった女たちは、豊富な下着作品とあいまって、身体と衣装の秘めたドラマを繰り広げてゆく。

アングルやスーラなど随所に挟まれた名画の数々も、衣装が誕生した文化的コンテキストを教えて秀逸。西欧文化の深い学識に裏打ちされた卓抜な編集で、ファッション好きはもちろんのこと、文化史家も必読必見。

（タッシェン・ジャパン、二〇〇二年）

（『朝日新聞』二〇〇二年十二月二十二日）

アメリカ的生活様式から「スロー」へ

柏木 博『モダンデザイン批判』

スローフードをはじめ、「スロー」愛好の動きが出始めている。高速志向の近代が終わりつくしたのだ。その間の「モダンデザイン百年」論が本書である。

その百年論はアメリカ論でもある。住宅からハンバーガーまで、「どんな場所でも」「誰にでも」享受できるモダンデザインの約束の地がアメリカだったからだ。二十世紀、アメリカ文化はそのユニヴァーサリズムによって「世界に遍在」し、いわば世界システムと化した。グローバリズムの起源を、わかりやすく、かつ深く教えられる。

「生産と消費の民主主義」に準拠したこのアメリカ的生活様式は、大量生産・大量消費を地球規模に広げつつ、均一的な「大衆」をつくりだしてきた。

そして二十一世紀、大衆はスローの価値を見直し、注文して何年も待たされるエルメスの少量生産品を欲しがっている。ポスト大衆の世紀はいかに？　大衆論、デザイン論、アメリカ論、どの視点から読んでも啓発的。

（岩波書店、二〇〇二年）

（『朝日新聞』二〇〇三年二月二日）

「大勢で見る魔法」がお好き

三田村蕗子『ブランドビジネス』

ＬＶ（ルイ・ヴィトン）のロゴマークのバッグがぞろぞろ群れなすニッポン、いったいどうなってんの？　かねての疑問に答える本が現れた。

たかがバッグというなかれ。今やルイ・ヴィトン・ジャパンは一日四億円の売り上げを誇る巨大企業。この不況下でなぜにブランドビジネスだけが大躍進をとげたのか、その謎に迫るのは日本型消費の現在を知ることだ。このスタンスが、他のビジネス書にはない本書の読みどころ。

海外の高級品がオーラを放っていた戦争直後から、百貨店のライセンスビジネスの盛衰、そして巨大ブランドの日本市場戦略の舞台裏まで、丁寧な歴史のフォローも読ませるけれど「ヴィトンの一人勝ち」の秘密がやはりいちばん面白い。日本人は「大勢で見る魔法」が大好きなのだと著者は言う。なるほど、ヴィトンってディズニーランドと同じなんですね。

それでもあなた、やっぱり欲しい？

（平凡社新書、二〇〇四年）

（『朝日新聞』二〇〇四年五月十六日）

日本の家屋の「個室化」への進展

柏木 博
『「しきり」の文化論』

わたしたちの生活は無数のしきりから成っている。空間のしきりは人間関係をしきることに結びついているし、勤務時間とプライベートな時間を分けるのはモダンな都市生活の特徴だ。そう、しきりは至るところに遍在している。自己と非自己を分ける免疫システムから、アルファベット順に世界を弁別する辞書的な知に至るまで、様々なしきりを多角的に考察する本書はさながら「しきりの百科全書」である。

とはいえ圧巻は後半、住空間のしきり論だろう。西欧近代住宅の壁しきりとはちがって、日本の家屋はふすまのようなやわらかいしきりを使い、敷居や縁といった微妙な「うちそと」の区別に依ってきた。その暮らしが、一九二〇年代に始まる住宅近代化によっていかに洋化し、「わたし」の個室化を進めてきたか、あざやかに明かされる。

現在、パソコンとケータイによってさらなる変容をとげつつある公私の境界を再考するのにも絶好。

(講談社現代新書、二〇〇四年)

(『朝日新聞』二〇〇四年七月十一日)

美食王による完璧な食卓の手引

グリモ・ドゥ・ラ・レニエール『招客必携』

ミシュラン・ガイドに先立つこと約百年、希代の食通グリモ・ドゥ・ラ・レニエールは『食通年鑑』を刊行して料理批評を創始した。そのグリモがアンフィトリオン（招待主）の心得をまとめた手引が本書である。

美食の国フランスには生活芸術（アール・ド・ヴィーヴル）という言葉があるが、手引はまさにその精髄をゆく。たとえばアンフィトリオンの務めたる肉の切り方。巧みに肉をさばく熟練は肉片に「新しい価値」を授け、それを「凡庸から超越させる」と言う。言葉どおり、献立からワインの供し方、招待のしかたと受け方、テーブルの会話術にいたるまで完璧な食卓をめざすこの奇書は、凡庸をはるかに超えた通人グリモの精神をまざまざと伝えている。この美食王が奇想天外な饗宴の数々で世を驚かした伝説もうなずけようというものだ。

図版から懇切丁寧な訳注まで、もてなしを心得た編集がすばらしい。文化史としても格段の読みごたえ。

（伊藤文訳、中央公論新社、二〇〇四年）

（『朝日新聞』二〇〇四年八月二十二日）

アリッサ・クォート

『ブランド中毒にされる子どもたち——「一生の顧客」を作り出す企業の新戦略』

「有名人」という究極のブランド

コンビニに並んだ化粧品を見てもわかるように、今や中学生さえもブランド好きの時代だが、ブランド志向が低年齢化した先進国アメリカの現況報告。

ナイキのスニーカーからダナ・キャランの服まで、ティーンをターゲットにした企業の戦略もさることながら、そのティーンの実態がすごい。なかでもこわいのが「肉体のブランド化」。豊胸手術をトップに、整形手術をうけた十八歳未満の少女の数は二〇〇〇年から一年間で二割以上も増えたという。「プチ整形」が定着しそうな日本の行く末が気になってくる。

さらに上をゆくのが「自己のブランド化」。性犯罪の犠牲になった体験を綴ったり、日々の生活風景を小説化したりして出版する「自伝小説」が盛んだという。幼い頃から有名ブランドに囲まれて育った世代にとって、いまや「有名人」こそ手にしたい究極のブランドなのだ——二十一世紀版アメリカンドリームが日本に警鐘をならす。

(古草秀子訳、光文社、二〇〇四年)

(『朝日新聞』二〇〇五年二月二十七日)

博識のスパイスが効いた老獪なグルメ本

リオネル・ポワラーヌほか『拝啓　法王さま　食道楽を七つの大罪から放免ください。』

パリ一おいしくて行列ができるパン屋のポワラーヌが事故で急逝したのが〇二年。死後、彼の机下にはローマ法王への嘆願書が発見された。「食道楽《グルマンディーズ》を七つの大罪から放免されたし」と。彼の遺志に賛同する美食家連の文章を収めたのが本書である。

歴史家、作家、政治家、修道士からデザイナーのソニア・リキエルまで多士済々、全員が美食にオマージュを捧げ、大罪とされる不当さを訴えている。

他人と美味を共にする喜びがなぜ罪なのか。さすがは悦楽の国フランス。出色は売れっ子シェフのアラン・デュカスだが、エスプリあふれる文章の妙はぜひ読者がじかに……。

それにしても七つの大罪の起源は？　グルマンディーズとはそもそもラテン語では何？　面白本のタイトルに騙されて読むうちにカトリック文化の深みにはまる。随所に博識のスパイスが効いた老獪なグルメ本だ。澁澤龍彦が生きていたら手を打って喜びそうな一書。

（伊藤文訳、中央公論新社、二〇〇五年）

（『朝日新聞』二〇〇五年六月十九日）

ビジネス化で失った魅力

ダナ・トーマス『堕落する高級ブランド』

H&Mからユニクロまで、ファストファッションの人気が高まっている。高級ブランドストリート、東京・銀座のにぎわいもひところのような輝きがない。あながちそれは世界不況のせいばかりではない。ブランドがかつてのような魅力を失ってしまったからだ——。この「堕落」の経緯をファッションジャーナリストが現場取材したルポが、本書である。

堕落の原因はブランドの企業化だと著者は言う。その〝主犯〟は、ルイ・ヴィトンやディオールを傘下におさめたLVMHを率いる実業家、アルノー。この資本家の出現とともに、高級ブランドは利益主導のグローバルビジネスになった。

ビジネスの原理はシンプルである。安く作って高く、多く売ること。多く売るには、一握りの特権階層だけを顧客にしていては始まらない。ブランドのビジネス化とはつまるところ「ラグジュアリー」の大衆化なのである。そうしてターゲットになった「大衆」が日本人だったのはもはや周知の事実だろう。

だが、その日本人の座を奪う新興ブランド好きが浮上している。中国人である。いまやどのブランドも上海と北京の征服が喫緊の課題なのだ。実は評者も昨夏パリに行った折、この現状をひしと実感した。シャンゼリゼのルイ・ヴィトン旗艦店をひやかしに行ったのだが、何と、一階のバッグ売り場に群がっていたのは中国人ばかり……。

一九九〇年代まで、メード・イン・チャイナの部品が有名ブランドに使われていた事実も本書の指摘するところだが、今や中国はブランド消費大国への道を進みつつある。

一方、ブランドを「卒業」して、ありがたがらなくなった日本人は、それだけおしゃれになったのでは？　デザイナーのカール・ラガーフェルドも言うように、「高い」ことでなく、「テイスト」が大事なのだ。それに気付かせてくれたブランドの堕落は、よろこばしいことではないのだろうか。

（実川元子訳、講談社、二〇〇九年）

（共同通信配信　二〇〇九年六月二十七日～）

声を題材に男性中心主義を撃つ

フェリシア・ミラー・フランク『機械仕掛けの歌姫』

声と女性と人造身体。一見奇妙な組みあわせだが、十九世紀から二十世紀初頭にわたるフランス文学にはこうした主題の作品が少なくない。サンドの『歌姫コンシュエロ』から、リラダンの『未来のイヴ』、ヴェルヌの『カルパチアの城』にいたるまで、「機械仕掛けの歌姫」の系譜があるのだ。そこにある女性身体の抑圧を明るみにだすのが本書である。

折しもオペラ様式の転換期。カストラートが主役のイタリア式オペラが衰退し、代わって女性を主役にしたオペラが誕生していた。「この世のものとも思えない」美声のアリアは、カストラートと同じく、天使の歌声にたとえられる。

ところが、この「天使性」こそ生身の女性の身体を排除する男性中心主義の表象にほかならない。『未来のイヴ』論は雄弁である。主人公エワルダは、美貌の歌手を恋人にしながら、彼女が「普通の女」であることに耐えられない。そこで彼に人造美女を贈ろうというのが蓄音機の発明者エジソンである。録音による「身体のない声」は、男の夢を可能にするのだ。「眼の眩むほど美しいあの愚劣な女が、もはや女ではなくなって、天使になるのです(…)『現実』ではなくなって、『理想』になるのです」。

約束どおり、エワルダは、人造美女ハダリーが彼と同じレベルの高尚な言葉を語るのを聞いて感激にむせぶ。

ここにあるのは、ナルシスの神話そのものである。ナルシスは、エコーの呼びかけを聞こうともせず自己に熱中し、姿なき声に変えられたエコーはむなしく彼の言葉をくり返すのみ。電気テクノロジーは男の「理想」の人形を生みだしたのだ。

こうして男性中心主義を撃つ本書のもう一つの読みどころは、クリステヴァたちフェミニズムからリオタールまで、フランス現代思想を駆使していることだが、惜しまれるのは、その源流であるデリダの『声と現象』に言及がないことだ。あの名高い文章、「絶対的な〈自分が話すのを—聞き—たい〉」とは、まさに他者の話をきけないナルシス=男の欲望のメタ批評であるのに。とまれ、異色の「声」研究の邦訳を喜びたい。

(大串尚代訳、東洋書林、二〇一〇年)

(『日本経済新聞』二〇一〇年三月七日)

フランスへの憧れかきたてる

和田博文『資生堂という文化装置 1872-1945』

コスメティックとは何と不思議なものだろう。メイクは女の顔かたちをつくり、変身させる。綺麗な容器にいれられた化粧品は日ごとの魔術の小箱である。

別の名をモードというこの魔術の始まりは、明治五年。日本初の洋風調剤薬局として銀座に開業した資生堂は、高級化粧品にはじまって、しゃれたフルーツパーラーからギャラリーまで、モダン都市東京の文化の発信源となって銀座の華やぎを創りだしてゆく。本書は膨大な資料を駆使して資生堂の歴史をひもとき、黎明期のモードの展開をたどった労作である。

主役は女、舞台は銀座の文化史の基調音はフランス・モードの香りである。時まさに和装から洋装への転換期、断髪のモダンガールの憧れはパリジェンヌのファッションだった。かの地への憧れは、芸術から商業美術まで広く文化全般にわたる。「ふらんすへ行きたしと思へども　ふらんすはあまりに遠し」。朔太郎がうたったのは一九一三年、二年前に竣工なった帝劇の「今日は帝劇、明日は三越」の広告コピーも、洋風になびく消費都市の浮かれ気分をかきたてた。

続く二〇年代はパリが未曾有の繁栄を謳歌した「狂乱の時代」、画家や文人たちがそろって海を渡り、最新モード情報を送り届ける。洋装の時代は洋行の時代でもあった。なかでも川路柳虹や西條八十たちのパリ通信は、往時のフランス心酔を伝えて興味深い。こうしてパリ通の文化人を懐に抱え、フランス・イメージをうちだすのが資生堂の一貫した戦略だった。

その戦略は、しゃれた店構えはもちろんのこと、『資生堂グラフ』から『花椿《はなつばき》』にいたる広告メディアにも色濃く、優美な唐草模様のデザインは、海を越えたアールヌーヴォーの美に輝いて、モダン都市のオーラを放っている。

クリームから美容情報からエッセイにいたるまで、資生堂は巴里の香の匂い立つラグジュアリーな「私」を夢見させる文化装置だったのだ。

椿のデザインも手がけた山名文夫がパリ帰りの深尾須磨子の詩「水色の孤独」に寄せたカットは、今なお夢の余韻をたたえてレトロな追憶に誘う。豊富な図版の効いた読みごたえある文化史である。

（岩波書店、二〇一一年）

（『日本経済新聞』二〇一一年六月十二日）

宮廷の浪費あおったデザイナー

ミシェル・サポリ『ローズ・ベルタン――マリー・アントワネットのモード大臣』

本書は、マリー・アントワネットを断頭台に送った真犯人の伝記である――というと少しオーバーだが、王妃の衣装デザイナーとなったモード商がいかにして宮廷の浪費をあおったか、そのありさまを活写した一代記である。

著者サポリはモード産業についてもヴェルサイユについても詳しい歴史家。マリー・アントワネットの破滅のもととなったファッションというテーマを実証的にほりさげた功績は小さくない。

十四歳でヴェルサイユ宮に嫁いだ娘がファッションに浮かれるのはごく自然ななりゆきだが、そのおしゃれ好きをみてとってアドバイザーとなった専属デザイナーが存在したのである。野心的な女モード商の名はマリー＝ジャンヌ・ベルタン。「妃殿下御用達」を錦の看板にかかげて十八世紀モードを牽引した彼女に、世間はローズ・ベルタンの敬称をあたえた。

平民でありながら王妃の寵愛をうけたローズは、ドレスから髪型まで次から次へと新型を打ちだして宮廷に倣う貴婦人たちのモードを席巻し、ついには「モード大臣」と呼ばれる身になりあがる。

彼女の権勢のほどは、天文学的桁にのぼる請求書に明らかだ。もともと確かな根拠もなくひたすら新奇性を追うのがモードの本質だが、ベルタンはこうしたモードの権力をいかんなく駆使して、国家財政を破綻に追いやったのである。

それにしても、美をとおりこしたヴェルサイユ・ファッションの奇天烈さ。扉をくぐりぬけることもできないほど膨らんだパニエ入りドレスから、家具や船を頭上に乗せて馬車の乗り降りもままならぬ「そびえたつ髪型」まで、豊富な挿絵はモードの不条理を見せつけて興味つきない。

ファッションに溺れた王妃の悲劇は、もはや宮廷が支配力を失っていたことに無知であったことだ。ルイ十四世の時代、王の趣味は絶対であり、王の衣装はそのまま権力の衣装であった。けれども三代目のルイ十六世治下、趣味を支配したのは平民デザイナーだったのである。こうしてベルタンははからずも大革命を先取りし、ひいては王妃の刑死に加担したのだ。モードの権力おそるべし。革命秘話としても面白い一冊である。

（北浦春香訳、白水社、二〇一二年）

（『日本経済新聞』二〇一二年二月二十六日）

大戦中の出会いと「大恋愛」

ハル・ヴォーン
『誰も知らなかったココ・シャネル』

ココ・シャネルの人生には二つの大きな秘密がある。一つは生れ育ち。親に捨てられて孤児院で過ごした青春時代をシャネルは決して語ろうとしなかった。もう一つは、第二次大戦中の日々である。店を閉じてから再びモード界に復帰するまでの一五年間、いったい何があったのか。

秘密のなかでも、みじめな青春時代はあきらめない魂をあかしてむしろ熱い共感をよびおこす。これにたいして沈黙の一五年は、シャネルの人生にダーティな刻印をきざみつける。対独協力者《コラボ》という汚名を。これこそこの華麗なデザイナーのタブーなのである。

本書の目的はこれを徹底的に暴きだすことだ。著者はアメリカのジャーナリスト。ＣＩＡの諜報活動に通じていた経験を十全に活かして、シャネルの罪状の証拠文書を次々と並べてゆく手腕はさすが諜報活動のプロだと思わせる。

さてそうして明るみにだされた真実は、訳書の帯にうたうとおり、「ナチスのスパイだった」のかというと、読後感は微妙にちがう。シャネルがフランス人やユダヤ人をナチスに売ったわけではないからだ。むしろことの核心は美貌のナチス情報部将校ディンクラーゲとの関係だろう。彼の何者たるかを知りつつ、五十七歳のココは恋に落ちた。男の方は、チャーチルはじめイギリスの有力者と親しい彼女の人脈を利用したかったのである。シャネルの方もドイツの捕虜になった甥の救出などの弱みがあった。

こうしてできた関係はシャネル「最後の大恋愛」になったとあるが、これについては何の証拠書類もないので真相はさだかではない。ふたりの仲はドイツ敗戦後も続いた。もはや何の後ろ盾も財力もない男の立場ははるかに弱かったはずだ。彼がココを良いように利用した関係は終わり、むしろ男の方がシャネルを求め続けたのではないのか？　そんな推測もなりたつほど、最後の恋の真実については歯切れが悪く、ものたりないが、これはないものねだりというべきだろう。

いずれにしてもシャネルの人生の罪状は、本書の原題がずばり言うとおりである。すなわち、「敵と寝る」。

（赤根洋子訳、文藝春秋、二〇一二年）

（『日本経済新聞』二〇一二年九月三十日）

女性を熱狂させたデザイナー

マリー・クヮント
『マリー・クワント』

モードの本場はパリ。ところが六〇年代のロンドンは見事にこれをくつがえした。主役はミニの発明者マリー・クヮント。本書はこのモードの革命児の回想録である。それにしても何と楽しくはずんだ自伝だろう。幸運につぐ幸運、成功につぐ成功。「わたしを見て。人生って素敵じゃない?」という帯の言葉は掛け値なしの真実だ。

まず第一の幸運は、服飾専門校出身でない「しろうと」だったこと。おかげでマリーは自分のインスピレーション以外のものに惑わされず、既成モードを打ち破るスタイルを創造した。第二の幸運は、抜群のセンスでサポート役をつとめた夫に恵まれたこと。たとえば店のロゴ入りの紙バッグを初めて考案したのは彼である。以来今日まで、顧客が店の広告塔の役割をはたしてくれるようになった。

それ以上の幸運は、ロンドンはチェルシー地区の目抜き通りキングスロードに店をかまえたことだ。数々のアーティストが集ったこの地区こそ、ビートルズやローリング・ストーンズを生みだし、世界を熱狂させた六〇年代の若者文化の震源地だからである。マリーの若さあふれるデザインもまさにこの「スウィングする」街から生まれた。ミニスカートは従来のマダム向けモードに対するヤングの宣戦布告だった。彼女は大勝利をおさめ、全世界の女性にミニスカートをはかせた。

マリーの創造はおしゃれに関するすべてにわたっている。なかでも大ヒットしたのはコスメティックだろう。百色ものカラーをそろえてキラキラ輝く口紅はポップでかわいい容器とともに女たちを熱狂させた。マリーはハリウッドスターのような古臭い化粧を一掃したのである。彼女がめざしたのは、自分と同じような普通の娘たちのおしゃれだったのだ。

端的にそれを表しているのは、アメリカン・システムにならった既製服の生産である。自分の成功は「大量生産」を念頭においていたからだという言葉は、彼女のモード革命の核心を突いている。何より自分が欲しいものを商品にし、マスの欲求に敏感であること。

起業をめざす人々は本書に多くを学ぶことだろう。

（野沢佳織訳、晶文社、二〇一三年）

（『日本経済新聞』二〇一四年一月二十六日）

浮薄さ武器に変えて君臨

石井美樹子『マリー・アントワネット ファッションで世界を変えた女』

「ファッションで世界を変えた女」とはキャッチーなタイトルだが、マリー・アントワネットのファッションを綿密にたどりながら新しい王妃像を描きだした評伝である。

浮薄で、わがままで、無知な浪費家——著者が一新したいと願ったのはこうした人物像だろう。たしかにマリーは無知ではなかったにちがいない。美貌の王妃は、ファッションというそれじたい浮薄なものを自分の武器に変えてヴェルサイユに君臨したからだ。

とはいえマリーの前には大いなる先駆者がいた。宮廷の服飾規定を厳密に定めてファッションを政治に用いた太陽王ルイ十四世である。赤いヒールを履くのは宮廷貴族だけに許された特権だった。王の起床から就眠にいたるまで細かい規定があり、下着のうけわたしなど、王の身体により近い役割を担うことが宮廷貴族の出世であった。ルイ十四世は身体をとおして宮廷を支配したのである。

マリー・アントワネットは、ルイ十五世から十六世へと時代を下るにつれ形骸化したこの服飾規定に新しい息をふきこみ、ファッションによって人心をつかむ術を学んだ。美しく、華やかに、ときには奇抜なまでに人目をひきつけること。天は彼女に天才的な美容師レオナールとトップデザイナーのベルタンをあたえた。

マリーがそびえるように高い髪形でオペラに現れると、貴婦人はいっせいにまねをした。プチ・トリアノン離宮でくつろぐためにコルセットのないシミーズ・ドレスをあつらえると、たちまちこのドレスが流行した。

マリーはルイ十四世式の支配に遊戯性をとりこんだといってもよいだろう。太陽王の服装規定は絶対不変であったが、モードは変化を楽しむものだからだ。彼女の魅力の一つはたしかにこの愉しさにある。

楽しみつつ、しかし夫には貞節をつくす品行方正な王妃。それではフェルセン伯爵との恋は？よくできすぎた肖像画という印象もうけるが、面白く読ませる。（河出書房新社、二〇一四年）

（共同通信配信　二〇一四年七月二十六日〜）

編集後記

山田登世子が遺した数々の文章のうち、自著に収録されなかったものを編集し出版してきましたが、この本はその第四冊目にあたります。『モードの誘惑』(二〇一八年八月)、『都市のエクスタシー』(同年十一月)、『女とフィクション』(二〇一九年二月)とつづいたうえで、今回の『書物のエスプリ』の上梓ということになり、一年弱のうちに四冊の書物を世に問うことになりました。

今般の本は書物をめぐるエッセイおよび書評を中心とするものです。はじめに第Ⅰ部としてエッセイ的なものを配しました。次いで第Ⅱ部は書評集です。これについては点数が多いので、大きく「文学・思想」、「歴史・社会」、「風俗・モード・性」と三つにカテゴライズし、それぞれ発表年月順に並べてみました。ただし、同一書物について別々の媒体に二度にわたって書評を書いているケースも少なからずありましたが、本書収録に際しては、どちらか一本にしぼることにしました。

本書をもってこの自著未収録文集の企画もひとまず終止符を打つことにします。図版解説が中心で技術的に再録が困難なもの、学会向けの専門研究論文的なもの、あまりにトレンディな話題で現代からみればいささかアウトオブデート化したものなど、収録できなかった文章もたくさんあることをお断りしておきます。

なお、この場を借りて山田登世子回想文集『月の別れ』(藤原書店、二〇一七年)に掲載した「山田登世子著作目録」の不備を補足させていただきます。いずれも同目録中の「3 論説・評論・小文」にかかわるもので、次の二点が欠落していました。

①「セクシュアリティ」（辞典項目）『コンサイス20世紀思想事典』第二版、木田元／栗原彬／野家啓一／丸山圭三郎編、三省堂、一九九七年十月。

②「ワルツは不実な女のように」『浮遊するワルツ』（CD）青柳いづみこ＝ピアノ、ナミ・レコード発売、二〇〇三年十一月二十五日。

最後になりましたが、今回の書物を含めて全四冊につき、藤原書店社長・藤原良雄さん、ならびに編集部の刈屋琢さんには長い忍耐と格別のご高配をいただいたこと、重ね重ね御礼申し上げます。

二〇一九年五月十六日

山田鋭夫

＊収録にあたり、明らかな誤字や誤記は訂正し、固有名詞の表記は極力統一した。また用字もできるだけ統一した。

吉見俊哉
『「声」の資本主義』 228
『博覧会の政治学』 205

ラ 行

ラセット，C. E.
『女性を捏造した男たち』 274
ラリヴァイユ，P.
『ルネサンスの高級娼婦』 213
ルイス，P.
『ビリティスの歌』 156
ルブラン，M.
『奇巌城』 84
ルモワーヌ=ルッチオーニ，E.
『衣服の精神分析』 267
レヴィ，B.-H.
『男と女・愛をめぐる十の対話』 276
レニエ，H. d.
『生きている過去』 25
『ヴェネツィア風物誌』 24
『水都』 24
ロシオ，J.
『中世娼婦の社会史』 204
ロランス，C.
『その腕のなかで』 136

ワ 行

鷲田清一
『最後のモード』 272
『死なないでいる理由』 134
和田博文
『資生堂という文化装置 1872-1945』 304

ブロツキー，J.
『ヴェネツィア』 22
ブローデル，F.
『地中海』 201
ベルク，A.
『都市のコスモロジー』 46
『日本の風景・西欧の景観』 47
『風土の日本』 47
ベンヤミン，W.
『パサージュ論』 36
『ベンヤミン・コレクション 3』 77
ボド，F.
『CHANEL』 28
ホランダー，A.
『性とスーツ』 48, 50
ポワラーヌ，L.
『拝啓　法王さま　食道楽を七つの大罪から放免ください。』 299

マ　行

松浦寿輝
『半島』 81
マーティン，R.
『ファッションとシュルレアリスム』 262
マラルメ，S.
『最新流行』 62-4, 66-7
マンソー，M.
『友人デュラス』 110
三浦俊彦
『エクリチュール元年』 102
ミシェル＝チリエ，P.
『事典 プルースト博物館』 142
ミシュレ，J.
『海』 224
三田村蕗子
『ブランドビジネス』 295
港千尋
『パリを歩く』 180
ミュラ，L.
『ブランシュ先生の精神病院』 247
ミュルシュタイン，A.
『バルザックと 19 世紀パリの食卓』 184
ミラー・フランク，F.
『機械仕掛けの歌姫』 302
モーパッサン，G. d.
『オルラ』 55
モラン，P.
『L'allure de Chanel』 30-1

ヤ　行

山岸哲
『けさの鳥』 167
山口昌男
『内田魯庵山脈』 117
山田篤美
『真珠の世界史』 259
与謝野晶子
『与謝野晶子歌集』 78
与謝野鉄幹
『与謝野鉄幹歌集』 78
吉川一義
『プルースト「スワンの恋」を読む』 162
『プルースト美術館』の画家たち』 105
芳川泰久
『闘う小説家バルザック』 111
吉田集而
『風呂とエクスタシー』 230

須長史生
『ハゲを生きる』 281
ゾラ，É.
『パリの胃袋』 146

タ 行

ダイ・シージエ
『バルザックと小さな中国のお針子』 138
高山宏
『テクスト世紀末』 93
竹西寛子
『陸は海より悲しきものを』 161
竹宮惠子
『エルメスの道』 32-3
ターナー，A. K.
『地獄の歴史』 101
田中光常
『けさの鳥』 167
田之倉稔
『ダヌンツィオの楽園』 152
ディビ，P.
『寝室の文化史』 194
デフォー，D.
『ロビンソン・クルーソー』 86-7
デュナント，S.
『地上のヴィーナス』 168
デュラス，M.
『書かれた海』 56
トーマス，D.
『堕落する高級ブランド』 300
トマソー，J.-M.
『メロドラマ』 92
富山太佳夫
『空から女が降ってくる』 211
戸矢理衣奈
『下着の誕生』 238

ナ 行

永井荷風
『雨瀟々』 25
中島京子
『FUTON』 148
西垣通
『コズミック・マインド』 175
『1492 年のマリア』 137
西川正也
『コクトー，1936 年の日本を歩く』 165

ハ 行

ハーヴェイ，J.
『黒服』 51-2, 54
林真理子
『秋の森の奇跡』 169
『初夜』 135
『RURIKO』 171
バルト，R.
『新たな生のほうへ 1978-1980』 151
フォトリノ，E.
『光の子供』 188
深井晃子
『ファッション』 293
フラナー，J.
『パリ・イエスタディ』 41-2
ブルックス，P.
『メロドラマ的想像力』 127
『肉体作品』 157
ブルックナー，A.
『ある人生の門出』 159
ブーロー，B. & B.
『売春の社会史』 195

『19 世紀フランス　光と闇の空間』 232
『身体の文化史』 251
折口信夫
『死者の書』 80

カ　行

鹿島茂
『怪帝ナポレオンⅢ世』 249
『新聞王伝説』 197
『パリ時間旅行』 214
『パリの王様たち』 95
『文学は別解で行こう』 121
柏木博
『「しきり」の文化論』 296
『モダンデザイン批判』 294
カラー，J.
『1 冊でわかる　文学理論』 150
川本三郎
『荷風と東京』 24
北川東子
『ジンメル』 36
キーン，D.
『石川啄木』 190
クォート，A.
『ブランド中毒にされる子どもたち』 298
クセルゴン，J.
『自由・平等・清潔』 199
工藤庸子
『宗教 vs. 国家』 252
グラマー，K.
『愛の解剖学』 278
グリモ・ドゥ・ラ・レニエール
『招客必携』 297
クワント，M.
『マリー・クヮント』 310
コルバン，A.
『音の風景』 235
『娼婦』 217
『レジャーの誕生』 240

サ　行

斎藤美奈子
『モダンガール論』 283
佐々木健一
『タイトルの魔力』 244
サポリ，M.
『ローズ・ベルタン』 306
ジェイムズ，H.
『鳩の翼』 68, 70-2, 74
篠原一
『アイリーン』 126
澁澤龍子
『澁澤龍彦との旅』 183
ジョンストン，W. M.
『記念祭／記念日カルト』 209
白幡洋三郎
『旅行ノススメ』 233
ジルー，F.
『男と女・愛をめぐる十の対話』 276
ジンメル，G.
『文化の哲学』 35, 40
管啓次郎
『本は読めないものだから心配するな』 177
鈴村和成
『愛について』 289
『ヴェネツィアでプルーストを読む』 160
ステファヌ，B.
『図説　パリの街路歴史物語　上・下』 254

収録書名索引

本書で論じられた書名を採り，著者名の五十音順に配列した。

ア 行

阿久悠
『転がる石』 288
朝吹登水子
『私の東京物語』 107
阿部日奈子
『海曜日の女たち』 123
アラス，D.
『なにも見ていない』 145
アーリ，J.
『観光のまなざし』 226
石井達朗
『異装のセクシャリティ』 265
石井美樹子
『マリー・アントワネット　ファッションで世界を変えた女』 312
稲葉真弓
『花響』 129
『風変りな魚たちへの挽歌』 147
『私がそこに還るまで』 164
今橋映子
『パリ・貧困と街路の詩学』 237
『〈パリ写真〉の世紀』 246
今福龍太
『群島－世界論』 173
『ここではない場所』 130
ヴァンサン＝ビュフォー，A.
『涙の歴史』 220
ヴィガレロ，G.
『清潔になる〈私〉』 222
『美人の歴史』 257
ヴィトン，H. L.
『ルイ・ヴィトン』 32
植島啓司
『聖地の想像力』 113
上田敏
『海潮音』 26
上野千鶴子
『スカートの下の劇場』 269
ヴェブレン，T.
『有閑階級の理論』 82
ウエルベック，M.
『素粒子』 124
『地図と領土』 186
『プラットフォーム』 143
ヴォーン，H.
『誰も知らなかったココ・シャネル』 308
内田義彦
『「日本」を考える』 122
海野弘
『世紀末パノラマ館』 208
江戸川乱歩
『黄金仮面』 84
大塚ひかり
『太古，ブスは女神だった』 286
大野光子
『女性たちのアイルランド』 58
小倉孝誠
『愛の情景』 178
『〈女らしさ〉はどう作られたのか』 279
『近代フランスの事件簿』 242

著者紹介

山田登世子（やまだ・とよこ）

1946-2016年。福岡県田川市出身。フランス文学者。愛知淑徳大学名誉教授。

主な著書に、『モードの帝国』（ちくま学芸文庫）、『娼婦』（日本文芸社）、『声の銀河系』（河出書房新社）、『リゾート世紀末』（筑摩書房、台湾版『水的記憶之旅』）、『晶子とシャネル』（勁草書房）、『ブランドの条件』（岩波書店、韓国版『Made in ブランド』）、『贅沢の条件』（岩波書店）、『誰も知らない印象派』（左右社）、『「フランスかぶれ」の誕生』『モードの誘惑』『都市のエクスタシー』『メディア都市パリ』『女とフィクション』（藤原書店）など多数。

主な訳書に、バルザック『風俗研究』『従妹ベット』上下巻（藤原書店）、アラン・コルバン『においの歴史』『処女崇拝の系譜』（共訳、藤原書店）、ポール・モラン『シャネル――人生を語る』（中央公論新社）、モーパッサン『モーパッサン短編集』（ちくま文庫）、ロラン・バルト『ロラン・バルト　モード論集』（ちくま学芸文庫）ほか多数。

書物《しょもつ》のエスプリ

2019年7月10日　初版第1刷発行©

著　者　山田登世子

発行者　藤原良雄

発行所　株式会社 藤原書店

〒162-0041　東京都新宿区早稲田鶴巻町523

電　話　03（5272）0301

ＦＡＸ　03（5272）0450

振　替　00160‐4‐17013

info@fujiwara-shoten.co.jp

印刷・製本　精文堂印刷

落丁本・乱丁本はお取替えいたします

定価はカバーに表示してあります

Printed in Japan

ISBN978-4-86578-229-5

7　金融小説名篇集

吉田典子・宮下志朗 訳＝解説
〈対談〉青木雄二×鹿島茂

ゴプセック――高利貸し観察記　*Gobseck*
ニュシンゲン銀行――偽装倒産物語　*La Maison Nucingen*
名うてのゴディサール――だまされたセールスマン　*L'Illustre Gaudissart*
骨董室――手形偽造物語　*Le Cabinet des antiques*

528 頁　3200 円（1999 年 11 月刊）◇978-4-89434-155-5

高利貸しのゴプセック、銀行家ニュシンゲン、凄腕のセールスマン、ゴディサール。いずれ劣らぬ個性をもった「人間喜劇」の名脇役が主役となる三篇と、青年貴族が手形偽造で捕まるまでに破滅する「骨董室」を収めた作品集。「いまの時代は、日本の経済がバルザック的になってきたといえますね。」（青木雄二氏評）

8・9　娼婦の栄光と悲惨――悪党ヴォートラン最後の変身（2分冊）

Splendeurs et misères des courtisanes

飯島耕一 訳＝解説
〈対談〉池内紀×山田登世子

⑧448 頁 ⑨448 頁　各 3200 円（2000 年 12 月刊）⑧◇978-4-89434-208-8 ⑨◇978-4-89434-209-5

『幻滅』で出会った闇の人物ヴォートランと美貌の詩人リュシアン。彼らに襲いかかる最後の運命は？ 「社会の管理化が進むなか、消えていくものと生き残る者とがふるいにかけられ、ヒーローのありえた時代が終わりつつあることが、ここにはっきり描かれている。」（池内紀氏評）

10　あら皮――欲望の哲学

La Peau de chagrin

小倉孝誠 訳＝解説
〈対談〉植島啓司×山田登世子

448 頁　3200 円（2000 年 3 月刊）◇978-4-89434-170-8

絶望し、自殺まで考えた青年が手にした「あら皮」。それは、寿命と引き換えに願いを叶える魔法の皮であった。その後の青年はいかに？ 「外側から見ると欲望まるだしの人間が、内側から見ると全然違っている。それがバルザックの秘密だと思う。」（植島啓司氏評）

11・12　従妹《いとこ》ベット――好色一代記（2分冊）

La Cousine Bette

山田登世子 訳＝解説
〈対談〉松浦寿輝×山田登世子

⑪352 頁 ⑫352 頁　各 3200 円（2001 年 7 月刊）⑪◇978-4-89434-241-5 ⑫◇978-4-89434-242-2

美しい妻に愛されながらも、義理の従妹ベットと素人娼婦ヴァレリーに操られ、快楽を追い求め徹底的に堕ちていく放蕩貴族ユロの物語。「滑稽なまでの激しい情念が崇高なものに転じるさまが描かれている。」（松浦寿輝氏評）

13　従兄《いとこ》ポンス――収集家の悲劇

Le Cousin Pons

柏木隆雄 訳＝解説
〈対談〉福田和也×鹿島茂

504 頁　3200 円（1999 年 9 月刊）◇978-4-89434-146-3

骨董収集に没頭する、成功に無欲な老音楽家ポンスと友人シュムッケ。心優しい二人の友情と、ポンスの収集品を狙う貪欲な輩の蠢く資本主義社会の諸相を描いた、バルザック最晩年の作品。「小説の異常な情報量。今だったら、それだけで長篇を書けるような話が十もある。」（福田和也氏評）

別巻 1　バルザック「人間喜劇」ハンドブック

大矢タカヤス 編
奥田恭士・片桐祐・佐野栄一・菅原珠子・山﨑朱美子＝共同執筆

264 頁　3000 円（2000 年 5 月刊）◇978-4-89434-180-7

「登場人物辞典」、「家系図」、「作品内年表」、「服飾解説」からなる、バルザック愛読者待望の本邦初オリジナルハンドブック。

別巻 2　バルザック「人間喜劇」全作品あらすじ

大矢タカヤス 編　奥田恭士・片桐祐・佐野栄一＝共同執筆

432 頁　3800 円（1999 年 5 月刊）◇978-4-89434-135-7

思想的にも方法的にも相矛盾するほどの多彩な傾向をもった百篇近くの作品群からなる、広大な「人間喜劇」の世界を鳥瞰する画期的試み。コンパクトでありながら、あたかも作品を読み進んでいるかのような臨場感を味わえる。当時のイラストをふんだんに収め、詳しい「バルザック年譜」も附す。

膨大な作品群から傑作を精選！

バルザック「人間喜劇」セレクション

Honoré de Balzac (1799-1850)

（全 13 巻・別巻二）

責任編集　鹿島茂／山田登世子／大矢タカヤス

四六変上製カバー装　セット計 48200 円

〈推薦〉　五木寛之／村上龍

各巻に特別附録としてバルザックを愛する作家・文化人と責任編集者との対談を収録。各巻イラスト（フュルヌ版）入。

1　ペール・ゴリオ――パリ物語

Le Père Goriot

鹿島茂 訳＝解説

〈対談〉中野翠×鹿島茂

472 頁　**2800 円**（1999 年 5 月刊）◇978-4-89434-134-0

「人間喜劇」のエッセンスが詰まった、壮大な物語のプロローグ。パリにやってきた野心家の青年が、金と欲望の街でなり上がる様を描く風俗小説の傑作を、まったく新しい訳で現代に甦らせる。「ヴォートランが、世の中をまずありのままに見ろというでしょう。私もその通りだと思う。」（中野翠氏評）

2　セザール・ビロトー　――ある香水商の隆盛と凋落

Histoire de la grandeur et de la décadence de César Birotteau

大矢タカヤス 訳＝解説　〈対談〉髙村薫×鹿島茂

456 頁　**2800 円**（1999 年 7 月刊）◇978-4-89434-143-2

土地投機、不良債権、破産……。バルザックはすべてを描いていた。お人好し故に詐欺に遭い、破産に追い込まれる純朴なブルジョワの盛衰記。「文句なしにおもしろい。こんなに今日的なテーマが 19 世紀初めのパリにあったことに驚いた。」（髙村薫氏評）

3　十三人組物語

Histoire des Treize

西川祐子 訳＝解説

〈対談〉中沢新一×山田登世子

フェラギュス――禁じられた父性愛　*Ferragus, Chef des Dévorants*

ランジェ公爵夫人――死に至る恋愛遊戯　*La Duchesse de Langeais*

金色の眼の娘――鏡像関係　*La Fille aux Yeux d'Or*

536 頁　**3800 円**（2002 年 3 月刊）◇978-4-89434-277-4

パリで暗躍する、冷酷で優雅な十三人の秘密結社の男たちにまつわる、傑作３話を収めたオムニバス小説。「バルザックの本質は『秘密』であるとクルチウスは喝破するが、この小説は秘密の秘密、その最たるものだ。」（中沢新一氏評）

4・5　幻 滅――メディア戦記（２分冊）

Illusions perdues

野崎歓＋青木真紀子 訳＝解説

〈対談〉山口昌男×山田登世子

④488 頁⑤488 頁　**各 3200 円**（④2000 年 9 月刊⑤10 月刊）④◇978-4-89434-194-4　⑤◇978-4-89434-197-5

純朴で美貌の文学青年リュシアンが迷い込んでしまった、汚濁まみれの出版業界を痛快に描いた傑作。「出版という現象を考えても、普通は、皮膚の部分しか描かない。しかしバルザックは、骨の細部まで描いている。」（山口昌男氏評）

6　ラブイユーズ――無頼一代記

La Rabouilleuse

吉村和明 訳＝解説

〈対談〉町田康×鹿島茂

480 頁　**3200 円**（2000 年 1 月刊）◇978-4-89434-160-9

極悪人が、なぜこれほどまでに魅力的なのか？　欲望に翻弄され、周囲に災厄と悲嘆をまき散らす、「人間喜劇」随一の極悪人フィリップを描いた悪漢小説。「読んでいると止められなくなって……。このスピード感に知らない間に持っていかれた。」（町田康氏評）

文豪、幻の名著

風俗研究

バルザック
山田登世子訳＝解説

文豪バルザックが、十九世紀パリの風俗を、皮肉と諷刺で鮮やかに描いた幻の名著。近代の富と毒を、バルザックの炯眼が鋭く捉える、都市風俗考現学の原点。「優雅な生活論」「歩き方の理論」「近代興奮剤考」ほか。

図版多数〔解説〕「近代の毒と富」

A5上製　二三二頁　**二八〇〇円**
（一九九二年三月刊）◇978-4-938661-46-5

PATHOLOGIE DE LA VIE SOCIAL　BALZAC

写真誕生前の日常百景

タブロー・ド・パリ

画・マルレ／文・ソヴィニー
鹿島茂訳＝解題

パリの国立図書館に百五十年間眠っていた石版画を、十九世紀史の泰斗が発掘出版。人物・風景・建物ともに微細に描きだした、第一級資料。

厚手中性紙・布表紙・箔押・函入
B4上製　一八四頁　**一一六五〇円**
（一九九三年二月刊）◇978-4-938661-65-6

TABLEAUX DE PARIS　Jean-Henri MARLET

全く新しいバルザック像

バルザックがおもしろい

鹿島茂・山田登世子

百篇にのぼるバルザックの「人間喜劇」から、高度に都市化し、資本主義化した今の日本でこそ理解できる十篇をセレクトした二人が、今日の日本が直面している問題を、既に一六〇年も前に語り尽していたバルザックの知られざる魅力をめぐって熱論。

四六並製　二四〇頁　**一五〇〇円**
（一九九九年四月刊）◇978-4-89434-128-9

十九世紀小説が二十一世紀に甦る

バルザックを読む

Ⅰ対談篇　Ⅱ評論篇

鹿島茂・山田登世子編

青木雄二、池内紀、植島啓司、高村薫、中沢新一、中野翠、福田和也、町田康、松浦寿輝、山口昌男といった気鋭の書き手が、バルザックから受けた“衝撃”とその現代性を語る対談篇。五十名の多彩な執筆陣が、多様で壮大なスケールをもつ「人間喜劇」の宇宙全体を余すところなく論じる評論篇。

各四六並製　Ⅰ三三六頁　**二四〇〇円**
Ⅱ二六四頁　**二〇〇〇円**
（二〇〇二年五月刊）
Ⅰ◇978-4-89434-286-6
Ⅱ◇978-4-89434-287-3

「モードは殺されるためにある」

モードの誘惑

山田登世子

仏文学者、山田登世子（一九四六―二〇一六）が遺した、文化、芸術、衣装、風俗に大胆に切り込む膨大な単行本未収録原稿から、「モード」「ブランド」に関わる論考を精選。流行現象に現れた人間の心性をすくい取り、歴史理解へとフィードバックする、著者ならではの視点が発揮された名文集。鮮烈に時代を切り取る「モード」論を集成。

四六変上製　三二〇頁　**二八〇〇円**
（二〇一八年八月刊）
◇978-4-86578-184-7

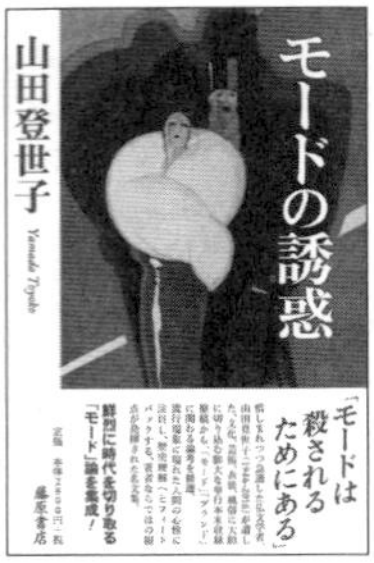

「私の街歩きは、ほとんど常に忘我の体験だ。」

都市のエクスタシー

山田登世子

仏文学者、山田登世子の単行本未収録論考集、第二弾。パリ、ヴェネツィア、上海など世界の各都市を遊歩し、その歴史と裏面に触れる「異郷プロムナード」ほか、情報・メディアの技術革新による人間関係・都市文化の変容をめぐる随想、そして内田義彦、阿久悠らへの追想など、都市・メディア・文化の交点に鮮やかに斬り込んだ名篇を集成。

四六変上製　三二八頁　**二八〇〇円**
（二〇一八年一一月刊）
◇978-4-86578-200-4

「女はいつも鏡の中で生きている」

女とフィクション

山田登世子

書物をこよなく愛した仏文学者、山田登世子が、自ら専門としたバルザックをはじめ、モーパッサン、デュマからプルースト、コレット、デュラスまでを参照しつつ、「文学の中の女」／「女の文学」という視座から、愛と性、美徳と悪徳、虚構と現実を痛快に描く。単行本未収録論考集、第三弾！

四六変上製　三二〇頁　**二八〇〇円**
（二〇一九年二月刊）
◇978-4-86578-213-4

明治の児らは、ひたとフランスに憧れた

「フランスかぶれ」の誕生

「明星」の時代 1900–1927

山田登世子

明治から大正、昭和へと日本の文学が移りゆくなか、フランスから脈々と注ぎこまれた都市的詩情とは何だったのか。雑誌「明星」と、〝編集者〟与謝野鉄幹、そして、上田敏、石川啄木、北原白秋、永井荷風、大杉栄、堀口大學らの「明星」をとりまく綺羅星のごとき群像を通じて描く、「フランス憧憬」が生んだ日本近代文学の系譜。

Ａ５変上製　二八〇頁　**カラー口絵八頁**　**二四〇〇円**
（二〇一五年一〇月刊）
◇978-4-86578-047-5